SPANISH SHORT STORIES FOR INTERMEDIATE LEARNERS

EIGHT UNCONVENTIONAL SHORT STORIES TO GROW YOUR VOCABULARY AND LEARN SPANISH THE FUN WAY!

OLLY RICHARDS

Olly Richards Publishing

olly@iwillteachyoualanguage.com

Trademarked names appear throughout this book. Rather than use a trademark symbol with every occurrence of a trademarked name, names are used in an editorial fashion with no intention of infringement of the respective owner's trademark.

The information in this book is distributed on an "as is" basis without warranty. Although every precaution has been taken in the preparation of this work, neither the author nor the publisher shall have any liability to any person or entity with respect to any loss or damage caused or alleged to be caused directly or indirectly by the information contained in this book.

Spanish Short Stories for Intermediate Learners: *Eight Unconventional Short Stories to Grow Your Vocabulary and Learn Spanish the Fun Way!*

ISBN- 978-1540407351

ISBN- 1540407357

Free Masterclass:
How To Read Effectively In A Foreign Language

As a special thank you for investing in this book, I invite you to attend a FREE online workshop. You'll learn how to read effectively, so you can understand more, and improve your Spanish faster.

To register for the workshop, visit:

http://iwillteachyoualanguage.com/readingmasterclass

Spanish translation by
Carolina Garrido

Books in this Series

Spanish Short Stories For Beginners

Spanish Short Stories For Beginners Volume 2

German Short Stories For Beginners

Italian Short Stories For Beginners

Italian Short Stories For Beginners Volume 2

Russian Short Stories For Beginners

French Short Stories For Beginners

English Short Stories For Intermediate Learners

Spanish Short Stories For Intermediate Learners

Italian Short Stories For Intermediate Learners

This title is also available as an audiobook.

For more information visit:

http://iwillteachyoualanguage.com/amazon

Introduction

This book is a collection of eight entertaining short stories in Spanish. The stories are written for intermediate learners, equivalent to B1-B2 on the Common European Framework of Reference (CEFR). They are a fun and effective way to improve your Spanish and grow your vocabulary.

Reading is one of the best ways to improve your Spanish, but it can be difficult to find suitable reading material. Many books are difficult to understand. They contain advanced vocabulary, and are so long you can feel overwhelmed and want to give up.

If you recognise these problems, then this book is for you. There are many kinds of stories in the book, such as science fiction, fantasy, thriller, and crime. As you begin to read, you will forget that you are reading in a foreign language, and enjoy discovering different worlds in Spanish!

There are many useful features in the book that help you read more effectively. For example, after each chapter there is a summary of the plot and a set of comprehension questions, so you can check important details of the story. You will learn a lot of natural Spanish and improve quickly.

As an intermediate learner of Spanish, you might be looking for an entertaining challenge. Or maybe, you have been learning for a while and simply want to enjoy reading. Either way, this book is the biggest step forward you will take in your Spanish this year.

So, sit back and relax. It's time to let your imagination run wild and enter a magical Spanish world of fun, mystery, and intrigue!

Table of Contents

About the Stories

A feeling of progress is important when reading in a foreign language. Without this, you have no motivation to keep reading. The stories in *Spanish Short Stories for Intermediate Learners* have been designed to give you this feeling of progress.

First, each story has been kept short and broken down into chapters. This gives you the satisfaction of being able to finish reading what you have started, and come back the next day wanting more. It also reduces the feeling of: "There is so much I don't know in Spanish!"

The Spanish in the stories is rich and varied, but still understandable for intermediate learners. Each story is written in a different genre in order to keep you entertained. There are plenty of dialogues, giving you lots of useful spoken Spanish words and phrases to learn. There is also a variety of tenses from one story to the next, so you can practise common verbs in past, present, and future forms. This will make you a more confident user of Spanish, able to understand different situations without getting lost.

Spanish Short Stories for Intermediate Learners supports you with some special learning features. There are regular summaries of the plot to help you follow the story and make sure you have not missed anything important. You will find comprehension questions at the end of each chapter to test your understanding of what has happened in the story and encourage you to read in more detail.

Spanish Short Stories for Intermediate Learners has been created to give you the support you need, so you can focus on reading, learning, and having fun!

How to Read Effectively

Reading is an important skill, and in our mother tongue, we read in different ways. For example, we might *skim* a news article quickly in order to understand the main events. Or, we might *scan* the pages of a bus timetable looking for a particular time or place. If I gave you a children's book to read, you would turn the pages quickly. On the other hand, if I gave you a contract to sign, you would read each word carefully.

However, when it comes to reading in a foreign language, research tells us that we lose most of our reading skills. We stop using skills like skimming and scanning to help us understand difficult texts. Instead, we simply start at the beginning and read every word, one after the other. Inevitably, we quickly become frustrated by difficult words.

As long as you are aware of this, however, you can use some simple strategies to avoid this trap and become a better reader.

* * *

You are reading this book because you like the idea of learning Spanish with short stories. But why? What are the benefits of learning Spanish with stories, instead of with a textbook? Understanding this will help you improve your reading.

When you read books for fun, it is known as *extensive reading*. This is very different from how you might read

Spanish in a textbook. Your textbook contains short dialogues, which you read in detail. The aim is to understand every word. This is known as *intensive reading*.

Here is another way to look at it. Textbooks give you grammar rules and lists of vocabulary to learn; they try to teach you. Stories show you "real Spanish"; they do not try to teach you. In fact, both kinds of reading are valuable and you need them both in order to learn a language effectively.

Spanish Short Stories for Intermediate Learners, however, is designed to help you with extensive reading. As you read and enjoy the stories, you will gradually improve your understanding of how Spanish works. If you often study with textbooks, this book will be a breath of fresh air!

Now, in order to get the benefits of extensive reading, you have to make sure you are reading regularly. Reading one or two pages may teach you a few new words, but it will not make a big difference to the level of your Spanish. With this in mind, here is what you should have in mind when you read the stories in this book, so you learn the most from them:

1. There are two things that are vital to successful reading: enjoyment, and a sense of achievement. They are important because they make you want to come back the next day and read more.
2. The more you read, the more you learn.
3. The best way to enjoy reading stories, and to feel a sense of achievement, is by reading the story from beginning to end.
4. Consequently, understanding every word in a story is *not* the most important thing. The most important thing is reaching the end of the story.

This brings us to the most important point of this section: **You must accept that you will not understand everything you read in a story.**

It is completely normal that there are things you do not understand when you read. If you do not understand a word or a sentence, it does *not* mean you are "stupid" or "not good enough". It simply means you are in the process of learning Spanish… just like everybody else.

So, what should you do when you find a difficult word? Here are a few ideas:

1. Look at the word and see if it is familiar in any way. Depending on your mother tongue, there might be a similar word in your language. Take a guess - you might surprise yourself!
2. Read the whole sentence many times. As you read that sentence repeatedly, think about everything that has happened in the story. Try to guess the meaning of the whole sentence – not just the difficult word. This takes practice, but is often easier than you think!
3. Make a note of the word in a notebook and check the meaning later.
4. Sometimes, you might find a verb that you do not recognise. Or perhaps you do not understand *why* the verb is being used, and that may frustrate you. But, is it absolutely necessary for you to know this right now? Can you still understand the story? Usually, if you have managed to recognise the main verb, that is enough. Instead of getting frustrated, simply notice how the verb is being used, and then carry on reading!
5. If all the other steps fail, or you simply "have to know" the meaning of a particular word, you can look it up in

a dictionary. However, try not to do this unless you have to.

These steps are designed to do something very important: to train you to handle reading independently and without help. The more you can develop this skill, the better you will be at reading. And, of course, the more you can read, the more you will learn!

Remember that the purpose of reading is *not* to understand every word in the story. The purpose of reading is simply to enjoy the story! Therefore, if you do not understand a word and you cannot guess what the word means from the context, simply try to keep reading. Learning to be happy without understanding everything you read in Spanish is a powerful skill to have because you become an independent and intelligent learner.

The Six-Step Reading Process

1. Read the first chapter of the story all the way through. Your aim is simply to reach the end of the chapter. Do not stop to look up words in the dictionary and do not worry if there are things you do not understand. Simply try to follow the story.

2. When you reach the end of the chapter, read the summary of the plot to see if you have understood what has happened. If you find this too difficult, do not worry.

3. Go back and read the same chapter again. If you like, you can read in more detail than before. Otherwise, simply read it one more time and enjoy!

4. At the end of the chapter, read the summary again, and then try to answer the comprehension questions to check your understanding of what happened. If you do not get them all correct, do not worry.

5. By this point, you should start to understand the main events of the chapter. If you wish, continue to re-read the chapter using the dictionary to check difficult words. You may need to do this a few times until you feel confident. This is normal, and each time you read you will gradually understand more.

6. Otherwise, you should move on to the next chapter and enjoy the rest of the story at your own pace, just like any other book.

Remember, at every stage of the process, there will be words and phrases you do not understand. Instead of worrying, try to focus instead on everything that you *have* understood. Congratulate yourself for taking the time to read in Spanish.

Most of the benefit you get from this book will come from reading each story from beginning to end. Only once you have reached the end of the story should you go back study the language from the story in more depth.

Anexos en cada capítulo

- Resumen
- Vocabulario
- Preguntas de elección múltiple
- Soluciones

Appendices to each chapter

- Summary
- Vocabulary
- Multiple-choice questions
- Answers

CUENTOS

1. Persevera y triunfarás

Capítulo 1

«¿Por qué no podemos entrar?», le pregunté al hombre corpulento **parado frente a nosotros**. Vestía un traje oscuro y era alto y fuerte. Bloqueaba la entrada al club nocturno Zara. Se podía escuchar la música de baile tras la puerta. ¡Queríamos entrar!

Había perdido mi trabajo el día anterior. ¡Necesitaba **una noche de diversión**! No quería estresarme, y entonces, ¡tenía que encontrar una forma de entrar!

El hombre alto era como un gorila; su trabajo era dejar entrar a la gente «adecuada» y dejar a todos los demás afuera. Señaló su portapapeles y **frunció el ceño**.

—Tu nombre no está en esta lista.

Lo miré. Era al menos 15 cm más alto que yo.

—¿Y cómo entramos en esa lista?

Estaba con mis amigos, Nacho y Arón. **Nos habíamos puesto guapos**. Habíamos atravesado la ciudad en coche para venir a Zara. Era un club nuevo y famoso, y queríamos conocerlo.

Pero el gorila no nos respondió. En vez de responderme, miró por encima de mi hombro **flacucho**. La cola de personas detrás de mí era larga.

—¿Cómo entro? —pregunté otra vez **y chasqué los dedos**. Quería que me prestara atención.

—Tú no —dijo. Hizo un gesto con la mano a la siguiente persona de la cola para que avance. Era una chica rubia hermosa. Cuando la vi, tuve una idea...

—¡Espera, espera! —respondí—. ¡Nuestras novias ya están adentro! —era mentira. Arón me miró raro. Tal vez pensó: «¿Juan está loco?».

—Juan, ¿qué estás haciendo? —me susurró al oído. Era **apuesto**, pero también tímido. Nunca se arriesgaba.

—Cállate —le respondí. No quería que nos escuchara el gorila.

Pero nos escuchó. **Puso los ojos en blanco** y trató de ignorarme una vez más.

—No, de veras —insistí—. Nuestras novias están esperándonos adentro.

Levantó una cuerda de terciopelo rojo para dejar pasar a la chica rubia.

—Gracias, Bruno —dijo al pasar—. Podía oler su perfume Quería seguirla, pero Bruno el gorila **negó con la cabeza**.

—¿Es verdad que vuestras amigas están adentro?

—Sí —respondí—. ¡Nuestras novias!

Tenía una expresión dudosa. Se llevó la mano a la cabeza calva y luego levantó otra vez el portapapeles.

—Está bien. Dime sus nombres.

—Sus... ¿nombres? —Claro que yo no sabía sus nombres... ¡porque no existían!— Ejem...

—¡Te pillé! —dijo. Sonrió y **me hizo a un lado**—. ¡El siguiente!

*

Como no podíamos entrar, nos marchamos de Zara. Cruzamos la calle para tomar un café.

—No fue muy inteligente, Juan— dijo Arón y se quitó la chaqueta. Se había puesto su ropa favorita para salir. Era tan guapo y vestía ropa tan elegante que parecía un actor, pero siempre tenía una actitud negativa.

Me sentí mal porque la idea de salir había sido mía. Todos sabían que era imposible entrar a Zara sin reserva... y **conseguir** una reserva, ¡era imposible! Pero yo había querido probar.

Nacho pidió café negro con dos churros rellenos de chocolate. Nacho no se parecía en nada a Arón. Era más **arriesgado** y feliz. A Nacho le encantaba comer dulces, como tortas y **golosinas**, por eso estaba un poco gordo.

—Voy a comer lo mismo —le dijo Arón al camarero—. Pero los míos sin chocolate, por favor.

—¿Y qué desearía usted, señor? —me preguntó el camarero.

—Desearía saber cómo entrar en ese club nocturno —le respondí.

—No puede entrar. No sin una reserva... o una compañera —dijo—. A menos que seas una chica, por supuesto. Para las chicas es fácil entrar. Quieren tener más chicas adentro.

—¿Por qué? —preguntó Arón.

—¡Porque los tíos irán a gastar dinero!

Asentí con la cabeza.

—Eso no es justo.

El camarero **se encogió de hombros**.

—Puede ser, pero así es la vida. Si queréis ir a Zara, debéis encontrar a alguien que os acompañe. ¿Deseas algo?

—Solamente café con leche. Sin churros. —Miré a mis amigos—. ¿Quién come churros a las nueve de la noche?

Nacho y Arón se miraron.

—Nosotros —dijeron al mismo tiempo. **Suspiré** y me crucé de brazos. Parecía que iba pasar la noche con estos dos.

*

Después de terminar los cafés (y los churros), pagamos la cuenta. Noté que había tres chicas sentadas a una mesa. Estaban hablando. También habían terminado de comer y beber.

—Oíd, muchachos —les dije a mis amigos—. ¿Qué os parece si...?

—No —me interrumpió Arón—. Vámonos, Juan.

—Espera. ¿Qué, Juan? —preguntó Nacho—. ¿Quieres hablar con ellas?

Me peiné el cabello negro con los dedos.

—Podemos intentarlo. ¿Por qué no? Venga, acabo de perder mi trabajo. ¡**Hazme un favor**! ¿Qué es lo peor que puede pasar?

Arón me miró fijamente, pero Nacho le dio un golpecito en el brazo.

—¡Venga, Arón! —dijo—. Juan tiene razón. Podemos preguntarles. Quizás quieran ir con nosotros a Zara. Si logramos entrar, se pueden quedar con nosotros. O si prefieren, se pueden marchar.

Las chicas nos miraban. Una de ellas, una chica con cabello rojizo, se inclinó sobre la mesa. Le susurró algo a sus amigas y ellas **asintieron con la cabeza**. Ninguna sonreía.

Se me hizo un nudo en la garganta, pero decidí seguir adelante con mi plan. Caminé hasta su mesa. Mis amigos se quedaron detrás de mí.

—Hola, me llamo Juan Cruz. **Nada que ver con** Tom Cruise —intenté hacer una broma mala.

—Eso es obvio —dijo la pelirroja. Sus amigas se rieron, pero yo me reí con ellas. Un poquito.

—¿Os apetecería venir a Zara con nosotros? El gorila no quiso dejarnos entrar —dije—. Pero quizás podríamos entrar con compañeras.

La más pequeña de las tres chicas dijo: —¿Compañeras? ¡**Ni siquiera os conocemos**!

—Lo sé —dije—. ¡Pero intentémoslo! ¿No queréis conocer el interior de Zara?

Las chicas miraron a través de la ventana a la larga cola frente al club nocturno. Luego **se miraron entre sí**.

—No os necesitamos para entrar —dijo la pelirroja—. Pero... supongo que podemos ayudaros. Por cierto, me llamo Catalina.

Anexo al Capítulo 1

Resumen

Juan Cruz ha perdido su trabajo. Juan Cruz y sus amigos Nacho y Arón van a un club nocturno llamado Zara, pero no pueden entrar. No tienen reservas. Cruzan la calle para tomar un café y churros en una cafetería. Ven a un grupo de chicas en la cafetería. Les preguntan a las chicas si desean ir al club con ellos. Las chicas aceptan.

Vocabulario

- **parado frente a nosotros** - standing in front of us
- **una noche de diversión** - a night of fun
- **frunció el ceño** - he frowned
- **nos habíamos puesto guapos** - we dressed up
- **flacucho/a** - skinny
- **chasqué los dedos** - I snapped my fingers
- **apuesto/a** - dashing
- **puso los ojos en blanco** - he rolled his eyes
- **negó con la cabeza** - he shook his head
- **me hizo a un lado** - he pushed me aside
- **conseguir** - to achieve / to obtain
- **arriesgado/a** - brave
- **las golosinas** - sweets
- **se encogió de hombros** - he shrugged his shoulders
- **suspiré** - I sighed
- **hazme un favor** - do me a favour
- **asintieron con la cabeza** - they nodded in agreement

- **se me hizo un nudo en la garganta** - I had a lump in my throat
- **(no tiene) nada que ver con (algo)** - it has nothing to do with (sth)
- **ni siquiera os conocemos** - we don't even know you
- **se miraron entre sí** - they looked at each other

Preguntas de selección múltiple

Selecciona una respuesta para cada pregunta

1. ¿Cuál es el trabajo del gorila en Zara?
   a. Sirve bebidas
   b. Aparca coches
   c. Decide quién puede entrar
   d. Opera la caja registradora

2. ¿De dónde saca Juan la idea para entrar?
   a. Ve a una chica rubia que entra
   b. Ve a un chico rubio que entra
   c. Ve a una pareja que entra
   d. Al tomar café y churros

3. ¿Por qué opina Juan que Nacho está un poco gordo?
   a. Nacho no hace ejercicio
   b. A Nacho le gustan los dulces como los churros rellenos de chocolate
   c. Nacho es tímido
   d. Ninguna de las anteriores

4. Juan hace una broma sobre su relación con un actor, pero piensa que la broma:
   a. es un poco divertida
   b. es muy divertida
   c. no es nada divertida
   d. es demasiado seria

5. Las chicas:
   a. están ilusionadas de tener una cita con los chicos
   b. están enojadas porque las molestaron
   c. dicen que les ayudarán
   d. no les ayudarán

Respuestas al Capítulo 1

1. c
2. a
3. b
4. c
5. c

Capítulo 2

—Dejadme hablar con el gorila —dije mientras los seis nos íbamos de la cafetería.

—No —dijo Catalina—. Déjame a mí. Tú no pudiste convencerlo **hace un rato**.

Comencé a protestar, pero Nacho **me dio un codazo en las costillas**.

—Tiene razón. Dale una oportunidad.

Comenzamos a caminar hacia el final de la cola. De repente, Catalina me cogió la mano. Corrimos hacia el gorila. Los demás nos siguieron. No comprendían el plan.

—Disculpa, ¿Bruno? —gritó, haciendo un gesto con la mano en el aire. Se paró a unos pocos centímetros del gorila **amedrentador**—. ¿Eres Bruno, no?

—¿Te conozco?

—Se suponía que hace un rato debías dejar entrar a mi novio —dijo y me señaló—. ¿Qué sucedió?

—Su nombre no estaba en la lista...

—¿La lista? ¿Quieres decir la lista falsa? —preguntó mientras cogía su preciado portapapeles. Él **tiró del portapapeles** y lo sostuvo en el aire, pero ella insistió—. ¡No mientas! ¡Son un montón de nombres falsos en un papel!

—¿Cómo lo sabes? —preguntó el calvo Bruno mientras se inclinaba para acercarse a ella. Tal vez no quería que el resto de la cola lo escuchase—. Y si fuese falsa, ¿cuál sería el problema?

—¿Conoces a una mujer que se llama Zara Bermúdez?

Bruno se puso nervioso.

—¿La dueña?

—Sí, la dueña. Catalina buscó en su bolso. Sacó una fotografía y su licencia de conducir. Se los mostró al gorila y este se puso pálido—. Soy Catalina Bermúdez. Zara es mi madre.

*

—Eso fue impresionante —dije, quitándome el cabello negro de los ojos—. ¡No tenía idea de quién eras!

—¿Era? —dijo Catalina mientras me llevaba hacia el bar—. ¡**Todavía** soy! ¿Qué tomas?

Varios clientes trataban de llamar la atención del barman, pero cuando este vio a Catalina fue a hablar con ella.

—¡Qué bueno verte! —**gritó por encima de la música**—. ¿Te puedo servir algo?

—Una Coca-Cola —dijo— y...— me miró.

—Para mí también.

—¿Qué? —preguntó el barman—. ¡Perdona, no te escucho, chaval!

—¡Una Coca-Cola para mí también! —grité.

Catalina parecía sorprendida con mi pedido.

—¿No tomas alcohol?

—Soy **menor de edad** —dije sonriendo.

—Espero que no —dijo ella—, o estaremos los dos en problemas—. El barman nos trajo los refrescos. Los llevamos a una mesa en una esquina vacía.

—Tus amigos han desaparecido.

—Veo a uno en la pista de baile —dije y señalé a Nacho. Estaba bailando con la chica más pequeña—. ¡Parece que **se llevan bien**! Mira, están sonriendo.

—¿Y el otro?

—¿Arón? Creo que... ¡desapareció! —no veía a Arón **por ningún lado**. Saqué el teléfono del bolsillo para chequear mis mensajes. Tal vez me había mandado un mensaje de texto. Sí, ¡me había mandado un mensaje!— Parece que decidió irse a casa.

—¿Qué pasa, chavales? —dijo la tercera chica, mientras caminaba hacia nuestra mesa.

—¿Dónde estabas? —preguntó Catalina—. **¿Lo espantaste** a Arón?

—Creo que sí —dijo. Luego me miró—. A propósito, ¿Cómo te llamabas?

—Juan —dije—. Disculpa, ¿tú eres...?

—Soy Susana. La otra chica se llama Alicia. Por cierto, ¡tu amigo es **raro**!

—No es raro, es tímido —dije—. Como dice la canción de Emanuel Ortega: «quisiera pero no puedo...»

—«...¡me mata la timidez!» —completó Susana—. ¡Me encanta esa canción!

—¿De veras? Es uno de mis cantantes favoritos...

—Oye, ya espantaste a tu novio —le dijo Catalina a su amiga—. ¡Ahora **no te metas con** mi pareja!

Susana mostró **una sonrisa burlona**. No estaba feliz.

—Está bien, me voy al bar —dijo—. Anotaré mis bebidas a tu cuenta. ¡Luego las tendrás que pagar!

Se alejó. Se paró entre la multitud en el **concurrido** bar.

Me gustó que Catalina me llamara «pareja».

—Gracias otra vez por ayudarnos —dije—. Fue una semana difícil para mí. Fue difícil porque esta semana me quedé sin trabajo.

—¡No, eso es terrible! ¿Qué trabajo hacías?

Se la veía incómoda.

«*¿Por qué le dije que me quedé sin trabajo?*», pensé.

—Pues la verdad —dije señalando el bar—, hacía eso. Era barman.

Se mordió el labio. Estaba pensando algo.

—Entonces —dijo al fin—, ¿Zara es como lo habías soñado?

Eché un vistazo al club. Tenía un sistema de iluminación de discotecas muy caro. También tenía altavoces con un sonido muy fuerte en las paredes. Había un disyóquey profesional que tocaba la mejor música y la pista de baile estaba llena. Pero también había bastantes asientos para que la gente pudiera sentarse y conversar.

—Me encanta —dije—. Me gustaría venir todas las semanas.

—¿**Es una indirecta**?

—Sí —respondí—. Es decir, si tú quieres hacerte pasar otra vez por mi pareja. Me encantaría llamarte... si me das tu número de teléfono.

Catalina sonrió y estiró la mano. La quise tomar pero me detuvo.

—No, dame tu teléfono.

— Ah. Le di mi teléfono. Lo cogió y **se agregó a sí misma** a mi lista de contactos.

—Ya lo tienes. No lo pongas en la Internet. Es privado.

Inmediatamente, marqué su número. Vi cómo se encendía la luz de su teléfono.

—Ahora tú también tienes mi número —dije—. El mío lo puedes poner en la Internet. No me importa. Nadie trata de llamarme **jamás**.

—Tu madre no tiene un club nocturno —dijo—, ¿no?

—No creo —dije, riéndome—. Oye, quiero que sepas que de veras... yo no sabía quién eras cuando te hablé en el café.

—Te creo —dijo ella—. Sé que no estabas tratando de usarme.

—Bueno, en realidad sí estaba tratando de usarte — confesé—, pero fui muy sincero y te lo dije.

Esta vez, Catalina se rio y miró hacia otro lado. «*Tal vez debería **callarme***», pensé.

—Debo irme pronto —dijo—. Le dije a mi compañera de apartamento que iba a estar en casa antes de las 11.

—Deberías vivir para ti misma, no para los demás —dije—. Eso lo leí en una tarjeta o algo parecido.

Catalina sonrió abiertamente.

—¡Estoy completamente de acuerdo! Pero mi compañera de apartamento perdió las llaves. ¿Te parece que la debería dejar esperando **afuera** mientras me quedo aquí contigo?

Puse **cara de inocente**.

—No me importa si espera.

—Típica respuesta de hombre —dijo, **poniéndose de pie**—. Tienes mi número.

—Y tú tienes el mío —dije, y me puse de pie junto con ella. Quería acompañarla hasta la salida—. Vamos a ver quién llama al otro primero. Podríamos **apostar**.

Se puso seria por un instante.

—Nunca apuestes en contra mía o de mi familia, Juan. La historia dice que nunca perdemos.

Anexo al Capítulo 2

Resumen

Juan y sus amigos logran entrar al club nocturno Zara con la ayuda de Catalina y sus amigas. Juan y Catalina piden bebidas en el bar. Juan se entera de un secreto: los familiares de Catalina son los dueños del club. Nacho baila con Alicia, pero Arón se marcha. Catalina le da su número de teléfono a Juan y también se prepara para marcharse.

Vocabulario

- **hace un rato** - a short while ago
- **me dio un codazo en las costillas** - he gave me a nudge in the ribs
- **amedrentador** - intimidating
- **tiró del portapapeles** - he pulled on his clipboard
- **todavía** - still
- **gritó por encima de la música** - he shouted above the music
- **menor de edad** - underage
- **se llevan bien** - they get along
- **por ningún lado** - anywhere
- **lo espantaste?** - did you scare him?
- **raro** - strange
- **no te metas con (alguien)** - don't mess with (sb)
- **una sonrisa burlona** - a mocking smile
- **concurrido** - crowded
- **se mordió el labio** - she bit her lip
- **eché un vistazo (a algo)** - I took a look (at sth)
- **es una indirecta?** - is it an insinuation?

31

- **se agregó a sí misma** - she added herself
- **jamás** - never
- **callarse** - to shut up
- **afuera** - outside
- **cara de inocente** - innocent face
- **poniéndose de pie** - standing up
- **apostar** - to bet

Preguntas de selección múltiple

Selecciona una respuesta para cada pregunta

6. Para convencer al gorila de que los deje entrar, Catalina:
    a. le da dinero
    b. le golpea el brazo
    c. le muestra evidencia de que sus familiares son dueños del club
    d. miente

7. Juan va al bar con Catalina y hace lo siguiente:
    a. no pide una bebida
    b. pide la misma bebida que ella
    c. pide una cerveza
    d. pide una Coca-Cola y unas patatas

8. Arón le manda a Juan un mensaje en el teléfono. Arón:
    a. se fue con la chica que conoció
    b. está en la pista de baile con la chica que conoció
    c. se fue solo
    d. quiere venir a sentarse con Juan y Catalina

9. Catalina le da a Juan su número de teléfono de la siguiente manera:
    e. lo escribe en una servilleta
    f. se lo susurra al oído
    g. lo llama
    h. ella misma lo escribe en el teléfono de Juan

10. Juan y Catalina casi hacen una apuesta, pero no apuestan porque:
    a. Catalina es religiosa y no apuesta
    b. Juan no le oye

c. Arón le manda un mensaje a Juan diciendo que no apueste contra ella

d. Catalina sabe que Juan perdería la apuesta

6. c
7. b
8. c
9. d
10. d

Capítulo 3

Esperé tres días antes de llamarla. Fueron tres días muy largos. Fue difícil esperar.

—**Tú pierdes** —dijo Catalina al contestar el teléfono.

—No apostamos, ¿recuerdas? Me preguntaba... ¿qué vas a hacer esta noche?

Catalina hizo silencio. Por un momento no dijo nada.

—Mis padres darán una fiesta pequeña en casa. Recibirán a algunos **socios de su negocio**. Quieren hablar sobre el club nocturno. Les interesa saber si le está yendo bien.

—¿Irás a la fiesta? —pregunté.

—Sí, porque quieren mi opinión. Desean conocer la opinión de una persona joven. ¡Quizás deberías venir tú también!

Me reí.

—¡No! ¿Deseas que conozca a tus padres? ¿Y quieres que les dé mi opinión sobre su club?

Catalina no se rio conmigo.

—Sí, quiero que vengas. ¿Por qué no? Me parece que eres una persona muy honesta...

—¡Pero no me conoces!

—Las mujeres tenemos intuición sobre las personas, Juan. ¿Podemos **encontrarnos** a las ocho?

*

Nos encontramos fuera de su apartamento. Fuimos en su coche hasta la casa de sus padres. La casa era una mansión gigante. Tenía dos pisos y veinte habitaciones. **Conté** las ventanas.

—¿Qué estás haciendo? —me preguntó. Condujo el coche sobre la entrada grande.

—Estoy contando las ventanas.

—¿Por qué?

—No sé. Estoy tratando de ver dónde está el cuarto de baño.

*«Qué cosa más **tonta** para decir»,* pensé. Nunca antes había estado en la casa de una persona rica. Ahora iba a cenar con personas ricas que no conocía. ¡Las personas que no conocía eran los padres de esta chica!

Tenía un buen motivo para estar nervioso.

—No te pongas nervioso —dijo. Estaba bajando del coche—. Solo **sé tú mismo**.

—¿Qué significa eso? ¡Todos dicen eso siempre! «Sé tú mismo, sé tú mismo». ¡Por supuesto que voy a ser yo mismo!

—Está bien, no te preocupes —dijo. Cerró la puerta del coche con fuerza—. **Estás actuando raro**. Mejor que seas alguien más.

—Lo siento. Es una noche **extraña**. No sé qué hablar con tus padres.

Golpeó a la puerta. Abrió un **mayordomo**. ¡Un mayordomo!

—Hola, Jaime —dijo.

«¡Tu mayordomo no puede llamarse Jaime!», quería decirle.

—Muy **gracioso**, jovencita. Pasa. Y bienvenido, ¿señor...?

—Buenas noches, soy Juan Cruz —dije. Extendí la mano.

El mayordomo me estrechó la mano. Me dijo que su verdadero nombre era Pedro, no Jaime. Nos llevó hacia una sala de estar amplia. Había **una docena** de personas sentadas en sofás. Dos de ellos se pusieron de pie. Caminaron hacia donde estábamos Catalina y yo.

—Hola, cariño —dijo una mujer muy guapa. Se parecía a Catalina, pero era mayor—. ¿Este es tu nuevo amigo? Hola, soy Zara.

—Soy Juan —dije y extendí otra vez la mano. Ella no me estrechó la mano. En cambio, me dio un gran **abrazo**. Un hombre apuesto con cabello gris estaba parado a su lado.

—A mi esposa le gustan los abrazos —dijo—. Pero yo te estrecharé la mano. Estrechaba la mano con la fuerza de Supermán—. Puedes llamarme Ismael.

Recordé la **broma** sobre el nombre de mayordomo. Pensé que él también me estaba haciendo una broma.

—¿Ismael? ¡Qué gracioso! No me vais a **engañar** otra vez —dije.

—No, no es una broma —dijo Catalina—. El nombre de mi padre es Ismael.

Zara **rio a carcajadas**.

—Me gusta tu amigo, Catalina —dijo—. Por favor siéntate, Juan. Conversemos.

*

Conversamos durante algunos minutos en la sala de estar. Luego pasamos al comedor. La cena comenzó con un gazpacho delicioso. Después de la cena, comenzamos a hablar sobre el **negocio** del club nocturno.

—¿Cuál fue tu impresión del lugar? —preguntó Zara.

—¿Mi impresión? Bueno, lo primero que vi fue el gorila. No fue **grosero**, pero me parece que su lista de reservaciones no es real.

—¿Te parece que la lista de reservaciones es falsa? ¿Por qué piensas eso?

Catalina y yo nos miramos y sonreímos.

—Yo le dije que no era real —dijo Catalina.

—Mucha gente quiere entrar al club —dijo Zara. Movía su collar de perlas alrededor del cuello de la camisa—.

Tenemos que ser **cuidadosos**. No podemos dejar entrar a todos. No hay suficiente espacio para todos.

—Existe otro motivo —dijo el padre de Catalina—. Algunas personas quieren entrar pero no quieren gastar dinero. Otras personas vienen a gastar dinero. Es un negocio. Queremos clientes con dinero.

—¿Qué opinas del interior? —preguntó Zara—. ¿Te gustó?

Me acordé del pobre barman. Estaba tratando de ayudar a demasiados clientes. Yo también había sido barman. Sabía que era un trabajo difícil.

—Me gustó el interior, pero necesita otro barman —dije—. Ese **tío** necesitaba ayuda. Tenía demasiados clientes. Había una multitud. **Me dio pena**.

—¿Conoces a algún barman? ¿Conoces a alguien que necesite trabajo? —preguntó Catalina. Zara e Ismael esperaban mi respuesta.

—Ejem, sí. Conozco un barman que necesita trabajo—dije—. Y no **cobra** mucho.

*

Al final de la semana, ya tenía un nuevo trabajo: ¡en el club nocturno Zara! Mi **novia**, Catalina, me visitaba a menudo. Me hice amigo del otro barman, Diego. También me hice amigo de Bruno, el gorila.

—No puedo creerlo. **Tienes suerte**, Juan —dijo Arón una noche, negando con la cabeza.

—¿Suerte? —pregunté. Arón estaba sentado solo. A su lado estaban Nacho y la nueva novia de Nacho, Alicia—. Estás equivocado, chaval. La suerte no fue el motivo. La suerte no tuvo nada que ver. Fue perseverancia. En esta vida, la perseverancia es la única forma de conseguir algo.

—Por suerte —dijo Catalina y me cogió de la mano—, ¡Juan tiene mucha perseverancia!

Anexo al Capítulo 3

Resumen

Juan llama a Catalina. Ella le invita a Juan a conocer a sus padres y darles su opinión sobre el club. Juan está muy impresionado por la casa lujosa. Conoce al mayordomo, y luego a Zara e Ismael, los padres de Catalina. Comparten la cena. Juan les da su opinión, ¡y termina consiguiendo un trabajo en Zara como barman!

Vocabulario

- **tú pierdes** - you lose
- **socios de su negocio** - their business partners
- **encontrarnos** - to meet each other
- **conté** - I counted
- **tonto/a** - stupid
- **sé tú mismo** - be yourself
- **estás actuando raro** - you are acting in a strange way
- **extraño/a** - strange
- **el mayordomo** - butler
- **gracioso** - funny
- **una docena** - a dozen
- **el abrazo** - hug
- **la broma** - joke
- **engañar** - to fool
- **rio a carcajadas** - she laughed out loud
- **el negocio** - business
- **grosero/a** - rude
- **cuidadoso/a** - careful

- **el tío** - guy
- **me dio pena** - I felt sorry for him
- **cobra** - he charges
- **la novia** - girlfriend
- **tienes suerte** - you are lucky

Selecciona una respuesta para cada pregunta

11. Catalina invita a Juan a:
    a. su apartamento
    b. el club nocturno Zara
    c. la casa de sus padres
    d. una entrevista de trabajo

12. Juan está nervioso porque:
    a. conocerá a los padres de Catalina
    b. tendrá otra cita con Catalina
    c. tiene mal aliento
    d. no tiene trabajo

13. Catalina le presenta al mayordomo de sus padres como «Jaime».
    a. Estaba bromeando
    b. El verdadero nombre del mayordomo es Jaime
    c. El nombre del mayordomo es Bruno
    d. Ninguna de las anteriores

14. Cuando Zara conoce a Juan:
    a. le estrecha la mano
    b. le presenta a su marido
    c. se ríe de él
    d. le da un abrazo

15. La primera cosa que Juan dice sobre el club nocturno es que:
    a. le cambiaría el nombre
    b. contrataría a otro barman
    c. no le gusta la lista de reservaciones
    d. quiere trabajar allí

11. c
12. a
13. a
14. d
15. c

2. Una lista de mentiras

Capítulo 1

Alemania, en la Segunda Guerra Mundial...

—¡**Ríndete** ya! —gritó una voz en alemán. Estaba afuera. El motor del yip hacía mucho ruido, pero él gritaba más fuerte—. ¡Sal o abriremos fuego!

Lily no miró por la ventana rota. Estaba dentro de un edificio viejo. El edificio estaba rodeado de soldados nazi. Si no se rendía, **le dispararían**. ¡Seguirían disparando hasta tirar abajo el edificio!

—¡Está bien! —gritó—. Estaba **escondida** en un rincón de una habitación oscura. A su lado tenía un bolso marrón. Dentro del bolso había un secreto, y su trabajo era **mantenerlo a salvo**—. ¡Voy a salir! ¡Voy a salir por la puerta principal!

Esperó y escuchó.

—¡Levanta las manos! ¡Pon las manos en el aire o te dispararemos! —dijo el soldado—. ¡Si tienes algo en las manos, te dispararemos!

«*Quieren dispararme de veras*», pensó Lily y revisó su pistola. «*Yo también quiero dispararles a varios nazis. Mataron a mi compañero...*»

No había tiempo de pensar en el pasado. Lily no tenía tiempo para emociones en este momento.

Era una profesional. Tenía un trabajo que hacer.

Rendirse no era parte de su plan.

Se ató el cabello rojo en una **coleta**. Cruzó la habitación arrastrándose sobre las manos y las rodillas. Se movió hacia el final del pasillo. Fue hacia la puerta trasera.

—¡Sal! ¡Tienes cinco segundos!

«Si salgo, me matarás», pensó. De repente, giró hacia la izquierda y se alejó de la puerta trasera. Frente a ella había una pequeña puerta de madera. Llevaba hasta el **sótano**.

La abrió y bajó corriendo las escaleras. *«Saben que existe este sótano, ¡pero no saben que termina en un túnel!»*

Por encima de su cabeza, podía oír el sonido potente de los disparos... estaban disparando al edificio con **ametralladoras**. Iban a destruir el edificio.

Lily sabía que los soldados tenían órdenes de no matarla, pero *estaban* tratando de matarla. Sabían que era peligrosa.

«Alguien les dijo quién soy. Tenía una identidad secreta, pero eso ya no existe.

Ahora todos los nazis de Alemania me quieren muerta... excepto **los que mandan**. *Los jefes me quieren viva. Quieren hacerme preguntas...»*

El sótano olía mal. No estaba muy iluminado; solamente tenía una bombilla vieja. Frente a la bombilla había una **alfombra** vieja. Colgaba desde el techo. Lily tiró de la alfombra. Detrás de la alfombra, había un hoyo grande.

¡El túnel!

Iba a escapar a través del túnel... ¿pero qué había del otro lado? No lo sabía. ¿Tal vez la esperaba alguien?

El fuego paró. También paró el sonido del yip. El líder de los soldados alemanes estaba gritando. Hablaba alemán. Lily sabía alemán y entendía lo que estaba diciendo.

—¡Entrad! ¡No salgáis hasta que la encuentren! ¡Buscad también en el sótano!

«*Tengo que irme*», decidió Lily. Quitó la bombilla. El sótano y el túnel estaban completamente **oscuros**. No le importaba. Lily Z. Bernhart era la espía más grande de los Estados Unidos. Había terminado treinta y ocho misiones. Siempre había tenido **éxito** en sus misiones.

Y no le tenía miedo a la oscuridad.

*

Tres horas más tarde...

Lily estaba en un café en Berlín. Estaba fumando un cigarro. Observó a un **mozo** flaco que pasó junto a ella. La estaba ignorando. ¿Por qué la ignoraba? Tenía cabello rojizo y su cara era la de una extranjera.

Tal vez no le gustaban los extranjeros.

—¡Disculpe! —dijo en alemán—. ¿No me ve?

La mayoría de los días, a Lily no le gustaba llamar la atención. Era una espía profesional. Lily no se ponía ropa elegante. No manejaba coches veloces.

Era muy **saludable**, pero no tenía apariencia de modelo.

A veces, alguna persona le preguntaba su nombre. Nunca decía: «Bernhart. Lily Bernhart».

El gobierno le había dado una docena de nombres falsos. No tenía motivo para usar su nombre verdadero.

Normalmente, actuaba con timidez. Pero quería que le sirvan. **Tenía sed** y necesitaba una bebida.

—¡Disculpe! —repitió.

—¿Sí? ¿Qué desea? —preguntó el camarero. No había muchos clientes. El café no estaba ocupado.

—Tráigame un café y un **pastel** de manzana.

Se dio la vuelta y fue detrás del **mostrador**. Sirvió el café. Puso el pastel sobre un plato. Luego Lily lo vio entrar otra vez a la cocina.

«¿Por qué está yendo a la cocina? ¡Todo lo que necesito está aquí, en el mostrador!»

Sabía por qué se había ido. Quería usar el teléfono. Iba a llamar a los soldados. Iba a decir: *«¡la señora de cabello rojizo está aquí!»*

Lily trató de no pensar. *«¡Qué tonta soy!»*, se dijo a sí misma.

Luego lo vio. La estaba mirando desde la ventana de la cocina.

*«Parece que tiene la nariz **quebrada**»*, pensó.

El mozo flaco le trajo su café y un pastel. Los puso sobre la mesa.

Ella se dio cuenta de que estaba **sudando**.

Hacía frío. ¿Por qué estaba sudando? ¿Estaba nervioso? El camarero se limpió el sudor con la manga de la camisa.

—¿Desea algo más?

—No —dijo, tomando su café. El café estaba frío.

—¿Es turista? Su alemán es muy bueno— dijo. Trató de sonreír, pero era una sonrisa falsa.

Lily negó con la cabeza y observó la nariz quebrada.

—Vivo aquí. He vivido aquí muchos años.

El camarero observaba su bolso.

«Algo no está bien», pensó Lily. *«Primero me ignoró. Ahora, me está prestando demasiada atención»*.

—Por favor, **hágame saber** si necesita algo más, ¿señorita...?

—Bolan. Nellie Bolan.

El camarero se fue.

«Me estoy poniendo paranoica», pensó. Encendió un cigarro.

Fumar no era un buen hábito, pero su trabajo era **peligroso**. Había demasiadas cosas para preocuparse.

Fumar era malo, pero había cosas **peores** como otros espías, los soldados nazi y la gente que ayudaba a los nazis...

Lily casi terminaba su pastel. Escuchó un sonido conocido: el sonido del motor de un yip.

¡Los soldados estaban aquí!

Se paró con rapidez. El camarero estaba delante de la puerta de la cocina. Lily cogió su bolso marrón y el **tenedor**. Empujó la mesa. Corrió hacia el camarero. Sostenía el tenedor delante de ella.

El camarero flaco saltó para moverse de su camino. Lily corrió a través de la cocina. Se escapó por la puerta trasera del café.

Desapareció en la noche, pero sabía que los soldados la seguirían.

Anexo al Capítulo 1

Resumen

Lily está escondida en una casa. Se esconde de los soldados alemanes. Los soldados son nazis. Se escapa de la casa a través de un túnel. Luego va a un café. El camarero la ignora, pero después le presta mucha atención. Demasiada atención. Lily piensa que ha llamado a los soldados. ¡Tiene razón! Llegan los nazis y Lily se escapa otra vez.

Vocabulario

- **Alemania** - Germany
- **ríndete** - surrender
- **le dispararían** - they would shoot her
- **escondido/a** - hidden
- **mantenerlo a salvo** - to keep it safe
- **mataron** - they killed
- **la coleta** - ponytail
- **el sótano** - basement
- **la ametralladora** - machine gun
- **los que mandan** - the ones who give orders
- **la alfombra** - carpet
- **oscuro/a** - dark
- **el éxito** - success
- **el mozo** - waiter
- **saludable** - healthy
- **tenía sed** - she was thirsty
- **el pastel** - cake
- **el mostrador** - counter
- **quebrado/a** - fractured

- **sudando** - sweating
- **hágame saber** - let me know
- **peligroso/a** - dangerous
- **peor** - worse
- **el tenedor** – fork

Preguntas de selección múltiple

Selecciona una respuesta para cada pregunta

1. Cuando Lily se esconde en la casa, ¿qué tiene?
    a. Un bolso y un teléfono
    b. Una chaqueta y una pistola
    c. Un bolso y una pistola
    d. Un pastel y un café

2. ¿Cómo se escapa de la casa?
    a. Se rinde
    b. Usa la puerta trasera
    c. Usa un túnel
    d. Un camarero la ayuda

3. Lily es espía. Le gusta:
    a. andar en coches veloces
    b. la ropa elegante
    c. la música alemana
    d. fumar cigarros

4. En el restorán, el camarero va hacia la cocina para:
    a. buscar el café
    b. llamar por teléfono
    c. hacer el pastel
    d. lavarse las manos

5. Lily oye algo afuera. La asusta. ¿Qué escucha?
    a. El motor de un yip
    b. Un soldado que grita
    c. Armas que disparan
    d. Alguien que dice su nombre

Respuestas al Capítulo 1

1. c
2. c
3. d
4. b
5. a

Capítulo 2

—¿Por qué ha venido? —preguntó el **anciano** menudo. No estaba contento; no le gustaba recibir visitantes a esa hora de la noche. Y no le gustaban los nazis —. ¿Le están siguiendo?

Lily sujetó su bolso marrón.

—Necesito un lugar para esconderme.

—¿Los nazis le están siguiendo? —preguntó otra vez

—No —mintió.

El anciano señaló el bolso.

—¿Qué hay en el bolso?

—Déjeme entrar y se lo diré.

—No.

El hombre **menudo** cerró la puerta. Lily volvió a golpear, sin hacer ruido. No quería que los vecinos oyeran.

—¡Váyase! —dijo el hombre. Estaba detrás de la puerta—. ¡Váyase! ¡Llévese sus secretos consigo!

Lily miró hacia atrás. Los soldados estaban cerca. La estaban buscando. Necesitaba esconderse... ¡rápido! Tenía que salir de la calle.

—¡David! David, si no me deja entrar, **me atraparán** —dijo. Puso la cara más cerca de la puerta—. Si me atrapan, me harán preguntas. Querrán saber quien me ayudó.

—¡No le estoy ayudando!

—Pero yo les diré que lo hizo.

No le gustaba **asustar** a la gente, pero su misión era importante. No podía dejar que los nazis la atraparan. No podía dejar que cogieran su bolso....

La puerta se abrió. El hombre menudo tenía una pistola.

—Podría matarla —dijo—. Pase. ¡Ahora!

53

*

—Necesito usar el baño —dijo Lily.

—Mala suerte —David le apuntó a la cabeza con el arma—. Deme el bolso.

—Vine aquí a esconderme. No vine a darle mis secretos.

—Si le disparo, puedo coger el bolso —dijo.

—No disparará. Me ayudará. Necesito ir a la **embajada** de los Estados Unidos.

—Siéntese.

Lily se sentó junto a una mesa pequeña de madera. El anciano se sentó a su lado. Olía muy mal. Tal vez no tenía agua en su casa.

Todavía sostenía el arma. Oyeron un yip afuera. No, ¡muchos yips!

—Ya vienen... —dijo Lily—. Tiene que **confiar** en mí.

—¿Y por qué debería confiar en usted? ¡Les dirá que le ayudé!

Lily sacó sus cigarros. Le ofreció uno al anciano. Él alargó la mano para **alcanzarlo**.

Lily cogió su pistola. Era rápida.

Con la otra mano le cogió la **muñeca**. El anciano dejó caer el arma sobre la mesa.

—Me llevaré esto —dijo, y recogió el arma. La miró. Era muy vieja—. ¿Esta pistola funciona?

—No —dijo.

Lily abrió su bolso y dejó caer la pistola adentro. David no se movió. Se sentó y la miró.

—Podría correr hacia afuera —dijo—. Podría decir que **usted entró** en mi casa **por la fuerza**.

—Podría intentarlo —dijo Lily. Sacó su pistola—. Pero fallaría. Mi pistola funciona bien.

—Si disparase, los soldados le oirían...

—¡Basta! —gritó Lily. Golpeó la mesa con la mano—. Me ayudará. ¡Ahora! ¿Dónde está su teléfono?

—No tengo teléfono.

Lily se puso de pie. No le creía. Miró a su **alrededor** en la pequeña casa de un dormitorio.

—Está mintiendo.

—¿**Usted cree**? ¿Ve un teléfono?

Lily entró en el dormitorio. Había un teléfono junto a la cama.

—Sí, veo uno. ¡Levántese! Le diré a qué número debe llamar.

＊

Unos minutos más tarde, Lily colgó el teléfono.

—Mis amigos están viniendo. Alguien llegará muy pronto. Ya **no le molestaré**.

—¿Está loca? —preguntó David. Tenía los ojos muy grandes. Estaba asustado—. ¿Por qué les dio mi dirección? Los soldados verán que hay extranjeros viniendo a mi casa. Ha puesto mi vida en peligro.

—David, esto es una guerra. Todos estamos en peligro.

—¡Pero no soy un soldado! —dijo—. ¡Soy un anciano!

Lily se quitó el pelo rojizo de la cara. Estaba cansada.

—David, ¿recuerda el día en que nos conocimos?

El anciano asintió con la cabeza.

—Usted ayudó a mi **sobrina**. Un soldado la estaba molestando.

—Casi me arrestaron, pero la ayudé —dijo Lily. Guardó la pistola—. La traje hasta aquí, ¿recuerda? La traje hasta su casa, la dejé segura.

—Sí. La policía también vino. Le siguieron hasta mi casa.

—¿Qué hicieron? —caminó hacia la sala de estar, y David la siguió.

—Hicieron preguntas. Me preguntaron **acerca** de usted.

—¿Qué dijo?

—Dije que no le conocía. Era la verdad —dijo.

—¿Y ellos qué dijeron?

El anciano hizo una pausa. Tenía lágrimas en los ojos. Estaba muy asustado y triste.

—Dijeron que era una espía. Me pidieron que los llamara... **si regresaba**.

Lily lo miró con atención. Vio que tenía unos ojos verdes hermosos.

—¿Los llamará? —preguntó. Ella también parecía triste.

—Ayudar a una espía de los Estados Unidos... o ayudar a los nazis —dijo—. ¡No quiero ayudar a ninguno de vosotros! ¡Por favor dejadme solo!

Lily oyó una motocicleta afuera.

«Me han venido a buscar», pensó. *«Bien. **Estoy lista para irme»**.*

Abrió la puerta y miró hacia afuera. El conductor de la motocicleta la saludó con la mano.

—Me han venido a buscar —dijo. Lily puso su pistola dentro del bolso. También se quedó con la pistola **rota**.

Sacó algo de dinero de su bolso y lo tiró en el piso.

—Soy como usted, David. No quiero vivir en un mundo lleno de espías y nazis. Si les ganamos a los nazis, tal vez no necesitemos espías.

Lily corrió. Se subió la motocicleta. Se fueron con rapidez.

Miró por encima de su **hombro**. Sabía que no había dicho la verdad.

El mundo siempre tendría espías...

Anexo al Capítulo 2

Resumen

Lily va a la casa de un anciano. Se llama David. Lily quiere esconderse, pero él no quiere ayudarle. El anciano tiene miedo. Piensa que los nazis la verán. David le apunta con una pistola, pero ella se la quita. Lily usa su teléfono para pedir ayuda. Le recuerda al anciano que una vez ayudó a su sobrina. La vienen a buscar y se va.

Vocabulario

- **anciano** - old man
- **menudo** - slight
- **me atraparán** - they will catch me
- **asustar (a alguien)** - to scare (sb)
- **la embajada** - embassy
- **confiar** - to trust
- **alcanzar** - to reach
- **la muñeca** - wrist
- **usted entró por la fuerza** - you broke in
- **alrededor** - around
- **usted cree?** - do you think so?
- **no le molestaré** - I won't bother you
- **la sobrina** - niece
- **acerca** - about
- **si regresaba** - if you came back
- **estoy lista** - I am ready
- **roto/a** - broken
- **el hombro** – shoulder

6. David tiene miedo de ayudar a Lily porque:
    a. los nazis saben que Lily está allí
    b. los nazis la pueden haber visto entrar
    c. piensa que Lily es nazi
    d. tiene miedo de que Lily le robe

7. Lily dice que necesita usar el baño, y David:
    a. no le deja
    b. le muestra dónde ir
    c. dice que no tiene agua en su casa
    d. le pide que espere

8. Lily le ofrece a David un cigarro porque:
    a. quiere que sean amigos
    b. David no tiene plata para comprar cigarros
    c. no quiere fumar sola
    d. ninguna de las anteriores

9. Lily y David se conocen porque:
    a. fueron a la escuela juntos
    b. Lily ayudó a la sobrina de David
    c. David ayudó a la sobrina de Lily
    d. David está ayudando al gobierno de los Estados Unidos.

10. Después de que Lily llama por teléfono, David está enojado. ¿Por qué?
    a. Porque la llamada fue muy cara
    b. Porque Lily dio el nombre y la fecha de nacimiento de David
    c. Porque Lily dijo que David le estaba ayudando
    d. Porque Lily dio la dirección de David

Respuestas al Capítulo 2

6. b
7. a
8. d
9. b
10. d

Capítulo 3

—Ha fallado en su misión —dijo el agente. No le dijo a Lily su nombre.

Estaban sentados en una oficina pequeña. La oficina estaba dentro de un **almacén** vacío.

El agente sin nombre vestía camisa blanca y una chaqueta azul grande. Se ajustó la corbata roja. Estaba enfermo y **tosía** mucho.

—Tal vez deberíamos entregarla a los alemanes.

—Hice mi trabajo. Conseguí lo que me pidieron que encuentre —respondió Lily—. Conseguí la **carpeta**.

Señaló la carpeta con el dedo. La carpeta había estado en su bolso. Ahora estaba sobre el escritorio delante de ella. Iba a decir algo más, pero el agente alzó la mano. No la dejó hablar.

—Sí —dijo con el ceño fruncido—. La consiguió. Bien hecho.

—Entonces, ¿por qué está **enojado**?

—Porque —dijo el agente— dentro de la carpeta había información. Información muy importante.

—¿La información estaba allí?

—La **mitad**. Solo la mitad.

La cara de Lily se puso pálida.

—¿Qué? ¿Dice que falta la mitad?

—Exacto. ¿Dónde está la otra mitad?

Lily se encogió de hombros.

—No sé. **Robé** la oficina que vosotros me indicasteis. Cogí la carpeta...

—¿Abrió esta carpeta?

—Por supuesto que no —dijo ella—. Ese no es mi trabajo.

—¿Pero sabe lo que hay adentro?

Lily se quitó los zapatos. Eran incómodos y le dolían los pies. Sacó un cigarro.

El agente sin nombre le quitó el cigarro.

—Le hice una pregunta, Señorita Livesay...

—¿Usted es idiota? ¡Por supuesto que sé lo que hay dentro de la carpeta! —Sacó otro cigarrillo y lo encendió—. Me ordenaron que encuentre esa carpeta. Aquí está. Y dentro...

—Dentro hay una lista de nombres. **Ciudadanos** de los Estados Unidos que trabajan para los nazis.

—Entonces mi trabajo está hecho —dijo Lily.

—Nuestro hombre nos dijo que la lista era más grande. Dijo que había 300 nombres. —El agente de la chaqueta azul abrió la carpeta. Sacó algunos papeles—. Los conté. Solamente hay ciento cuarenta y nueve nombres.

«Está mintiendo», pensó Lily. *«En esa lista había ciento cincuenta nombres»*.

—¿Qué más quiere? —preguntó—. ¡**Me perseguían** los nazis! ¡Casi me disparan por esa lista!

El agente tosió. Caminó hacia atrás. No encendió el cigarro.

—Usted tiene un trabajo peligroso. Ha tenido éxito... en el pasado. Pero debo reportar este **fracaso**. Se lo debo decir a su jefe. Él puede decidir qué hacer.

«Mi jefa es una mujer», pensó Lily. *«¡Otra vez me está mintiendo!»*

Miró a su alrededor en la oficina.

—¿Dónde está mi jefe?

—Vendrá más tarde. Usted debe esperarlo aquí.

—Usted dijo que mi misión **no había terminado**. Falta la mitad de la lista —dijo—. Saldré a buscarla otra vez.

—No. No se puede ir. Ya saben quién es usted —dijo, y abrió una ventana. Sacó la cabeza por un momento.

—¿Está buscando algo? —preguntó Lily.

El agente cerró la ventana.

—Necesitaba un poco de aire fresco.

Esperó a que Lily terminara de fumar.

—Saben quién es usted —repitió—. Así que no puede **volver a salir**.

—Tengo una pregunta para usted —dijo ella—. La lista de nombres. ¿Son **empleados** del gobierno de los Estados Unidos?

El agente sin nombre estornudó. Sacó un pañuelo. Se limpió la nariz.

—Sí.

—¿Esa gente trabaja para los nazis?

—Correcto. Volvió a poner los papeles en la carpeta.

—Encontraremos a la gente de la lista. Lily **se inclinó sobre** el escritorio. Tocó la carpeta, pero el agente se la quitó.

—Sí, los encontraremos a todos.

—¿Qué les pasará?

—Usted sabe lo que les pasará —dijo—. Habrá una investigación. Si realmente espían para los alemanes, lo sabremos. Sabemos qué hacer con la gente que **traiciona** a los Estados Unidos.

—¿Los matarán? —preguntó Lily—. Lentamente, movió su bolso. Lo acercó a sí misma.

—Sí. Si son ciudadanos de los Estados Unidos trabajando para los nazis... deben morir.

«Estoy de acuerdo», pensó Lily. No le había dicho al agente toda la verdad.

Había abierto la carpeta.

Sabía dónde estaba la otra parte de la información porque... ella la tenía. Tenía la otra mitad de la lista.

Pero Lily siempre era paranoica. No confiaba en nadie. Por eso todavía no se lo había dicho.

Cuando el agente miró hacia un lado, Lily sacó la pistola de su bolso. El agente **se volvió hacia ella**. Lily le apuntó la pistola al estómago.

—¿Qué cree que está haciendo? —preguntó el agente.

—¿Sabe contar? —le preguntó—. ¿Sabe contar hasta ciento cincuenta?

El agente cerró los ojos.

—Usted está cometiendo un gran error —dijo.

—Vio su **propio** nombre en la lista, ¿no?

—Señorita Livesay, deje esa pistola. Trabajo para su jefe.

—¿Cómo se llama? —preguntó Lily.

—No importa —dijo—. **De todos modos** usted no sabe el verdadero nombre de ese hombre.

—Mi jefe es una mujer —dijo, sonriendo—. Y usted tampoco sabe mi verdadero nombre.

El agente abrió los ojos. Lily pensó que parecía asustado, pero no estaba segura...

—Tome —dijo. Puso la pistola sobre el escritorio—. Confío en usted. Puede tener mi pistola.

El agente la miró a la cara, después observó la pistola. Alargó la mano con rapidez. Recogió la pistola de la mesa. Podían oír yips que se acercaban afuera...

—¿Dónde consiguió esta pistola vieja? —preguntó, riéndose. Luego le apuntó a Lily con la pistola—. Pensaba que usaría una pistola de mejor **calidad**. Bueno, pues no importa. Usted tenía razón. Sí, mi nombre estaba en la lista, pero nunca se lo podrá decir a nadie.

Presionó el gatillo, pero la pistola no disparó.

Lily sacó su propia pistola.

—Usted también tiene razón —dijo—. Mi pistola es de mejor calidad.

Lily le disparó tres veces. El agente cayó al suelo. Lily tomó la carpeta y la puso en su bolso, luego salió corriendo. El conductor de la motocicleta la esperaba. Estaba observando los yips.

—¡Mira, vienen los nazis! —gritó—. ¿Terminaste lo que tenías que hacer?

—Sí —contestó Lily—. **Cumplí** con mi misión. ¡Salgamos de aquí!

Anexo al Capítulo 3

Resumen

Lily se encuentra con un agente del gobierno. No conoce su nombre. No está contento porque Lily no terminó su misión. Encontró una carpeta que tenía nombres, pero él dice que falta la mitad de los nombres. Son nombres de personas que espían para los nazis. Lily se da cuenta de que el agente le está mintiendo. Él también trabaja para los nazis. Le dispara y escapa... ¡una vez más!

Vocabulario

- **el almacén** - warehouse
- **tosía** - he coughed
- **la carpeta** - folder
- **enojado/a** - angry
- **la mitad** - half
- **robé** - I robbed
- **el ciudadano** - citizen
- **me perseguían** - they pursued me
- **el fracaso** - failure
- **no había terminado** - it did not finish
- **volver a salir** - to go out again
- **el empleado** - employee
- **se inclinó sobre (algo)** - she bent over (sth)
- **traicionar** – to betray
- **se volvió hacia ella** - he turned towards her
- **propio** - own
- **de todos modos** - anyway
- **la calidad** - quality
- **cumplir** – to carry out, fulfill, achieve

Preguntas de selección múltiple

Selecciona una respuesta para cada pregunta

11. El agente sin nombre está enojado porque:
    a. Lily no trajo todos los nombres que él quería
    b. Lily se escondió en la casa de David
    c. a Lily no le cae bien el agente
    d. Lily se sacó los zapatos

12. El agente sin nombre comenzó a toser porque:
    a. la oficina estaba sucia
    b. estaba enfermo
    c. era alérgico al humo
    d. ninguna de las anteriores

13. La carpeta tenía una lista de nombres. En la lista:
    a. faltaban cincuenta nombres
    b. faltaba la mitad de los nombres
    c. faltaba solo un nombre
    d. no faltaba nada

14. Lily puso una pistola sobre la mesa porque:
    a. confiaba en el agente
    b. sabía que estaba rota
    c. sabía que era más fácil dispararle a ella que al agente
    d. primero le había quitado las balas

15. ¿Por qué Lily le disparó al agente?
    a. Porque él iba a matarla
    b. Fue un accidente
    c. Porque le tenía miedo
    d. Porque era un espía para los nazis

11. a
12. b
13. b
14. b
15. d

3. Un pueblo pavoroso

Capítulo 1

—Vosotros dos podéis ir en busca de vuestra gran aventura —dijo Ari—. ¡Pero yo me quedo en casa!

—**Eso sí que no**. ¡Vienes con nosotros!

Desa trató de levantar a su amigo. Ari le pateó la rodilla. Lo bajó.

Ari tenía 80 años. **Sin embargo**, no era humano. Ari era un esligo con cabello largo y blanco. Tenía los dedos largos y arrugados.

Ari era muy joven... para ser esligo. Comparado con los humanos, era un adolescente.

—No, me quedo en casa —repitió Ari—. No cambiaré de opinión. No quiero salir. No quiero ir a buscar un **tesoro** y no quiero **pelear** con nadie. ¡Vosotros podéis quedaros con vuestra aventura!

Desa alzó los brazos peludos.

—¡Me rindo! —dijo.

También era esliga, pero era **divertida** y muy ruidosa. La mayoría de los esligos no eran así.

Su otro amigo era brilli. A los brillis les encantaba pelear, les encantaba la aventura, y sobre todo les encantaba buscar oro y tesoros.

Lo que más les gustaba en el mundo eran los tesoros.

El brilli se llamaba Lumu. Nadie sabía cuántos años tenía Lumu. Le gustaba hablar mucho, pero nadie le entendía. No hablaba el idioma de los esligos, pero podía escribirlo.

Lumu llevaba una libreta. A veces, escribía cosas allí. Escribió una nota a Ari.

—Ari —decía la nota—, te puedes quedar en casa.

—Gracias —dijo Ari—. ¿Ves? Lumu está de acuerdo conmigo.

Lumu escribió: «No estoy de acuerdo». Señaló hacia la ventana. A lo lejos había **una nube de polvo**. Se acercaban unos caballos. Ari vio humanos sobre los caballos. ¡Humanos! Uno de los hombres vestía un abrigo largo y amarillo. Tenía una corona en la cabeza

—No tenemos que irnos para tener una aventura —dijo Desa con una sonrisa—. ¡La aventura está viniendo hacia nosotros!

*

Ari, Desa y Lumu corrieron hacia afuera. En el pueblo, todos estaban afuera. El pueblo era pequeño. Se llamaba Cañada de las Aves. Era muy tranquilo. La mayoría de las personas que vivían en Cañada de las Aves eran esligos, pero también había algunos brillis y algunas personas de otro tipo.

Todos estaban parados frente a sus casas. Estaban mirando a los humanos sobre los caballos.

No era común recibir visitantes. Nunca veían **desconocidos**, y estos desconocidos vestían ropa muy rara.

Los caballos bajaron la velocidad. El primer caballo era una yegua negra y grande. El **jinete** era el hombre alto con el abrigo amarillo. Tenía una corona en la cabeza. Parecía un rey cansado.

Tocó el cuello de su caballo y el caballo se quedó quieto. El jinete descendió. Parecía el líder de los otros hombres.

—¿Alguno de vosotros sabe quién soy? —preguntó en español. Los otros jinetes se quedaron sobre los caballos. Había ocho en total, incluido el líder.

—¿Por qué no nos dices? —preguntó un esligo menudo. Era Pidor, el **panadero**. Como la mayoría de los esligos, Pidor recordaba el español antiguo—. ¡Aquí no nos gustan los misterios, humano!

Desa dio un paso adelante.

—¿Eres un rey del **este**? —preguntó.

—¿Por qué piensas que soy un rey?

Desa señaló la corona.

El hombre alto vestido de amarillo se quitó la corona de la cabeza.

—Tal vez la he robado —dijo.

Tenía ojos azules brillantes y una barba larga y rojiza.

Lumu admiraba la corona. Estaba hecha de oro. Debía ser pesada... y costar mucho dinero.

—Si la robaste —dijo Pidor—, debes ir a devolverla. Aquí no nos gustan los **ladrones**.

—¿Y qué os gusta? —preguntó el hombre—. ¿Os gusta algo?

—Nos gusta que nos dejéis tranquilos. Pidor cruzó los brazos. Uno de los otros jinetes se le acercó. El líder agitó la mano.

—No —dijo el líder—. Dadle al viejo esligo lo que quiere. Dejadle tranquilo. Miró otra vez a Desa.

—Casi tienes razón. Yo era un rey. Ya no lo soy.

Dejó caer la corona al suelo.

Lumu escribió una nota. Se la mostró a Desa.

La nota decía: «Pregúntale si puedo coger la corona ahora».

Desa negó con la cabeza. No le prestó atención a Lumu.

—¿Qué pasó? —le preguntó al antiguo rey—. ¿Y por qué habéis venido a Cañada de las Aves?

Los otros jinetes **detuvieron** los caballos. Todos descendieron. Se pararon junto a su rey.

—Estos hombres —dijo— son los últimos humanos. Hubo una guerra muy grande en el este. Todos murieron. Ya no soy rey... porque ya no hay a quién gobernar.

—Entonces, ¿para qué habéis venido? —preguntó Pidor. Detrás de él, su mujer escondía a sus hijas.

—**No temas por** tus hijas —dijo el líder, rascándose la barba rojiza—. Me llamo Iardo. Estoy llevando a estos siete hombres al pueblo de Manantiales, junto al mar, pero estamos perdidos.

—Me llamo Desa. Necesitas un guía —dijo Desa, y dio un paso hacia adelante.

—Sí, es verdad que necesito un guía —dijo Iardo—. No tengo dinero, pero tengo esta corona de oro. Se la daré a quien nos ayude.

Ari tenía una **duda**.

—¿Por qué debéis ir a Manantiales? ¿Qué os espera allí?

—Existe un rumor que dice que mis amigos están allí. Tal vez no somos los últimos humanos. Necesito saberlo, ¡por eso estamos buscándolos!

Lumu le escribió una nota a Desa. Quería ir porque quería la corona. Desa asintió con la cabeza. Ella también deseaba hacer el viaje.

—Te ayudaremos —dijo.

Ari parecía asustado. No podía permitirle a Desa que fuera con estos desconocidos. Le **susurró** algo en esligonio, pero Desa negó con la cabeza.

—Yo voy —le dijo—. ¡Ven con nosotros!

Iardo y sus hombres esperaban la respuesta de Ari.

—Yo solo quiero quedarme en casa —dijo Ari—. Pero iré con vosotros.

«*Iré para protegerte, Desa*», pensó.

Uno de los jinetes que tenía una **cicatriz** en la frente se inclinó y recogió la corona. Le quitó el polvo y la puso en una alforja, luego volvió a montarse al caballo.

—Entonces, tenemos un **trato** —dijo Iardo—. Tú —señaló a Lumu— montarás con Sadido, el que tiene la cicatriz. Por ahora, él guardará la corona—. Tú —señaló a Ari— montarás con el gordo Ekin, el que está allí atrás. Y tú, Desa, puedes montar conmigo.

Anexo al Capítulo 1

Resumen

Ari es un joven esligo. No le gusta la aventura, pero a sus amigos Desa y Lumu les encanta. Desa también es esliga, Lumu es brilli. Pueden ver que un grupo de humanos se acerca hacia su pueblo, y entonces salen a saludarlos. Los humanos vienen del este, están buscando un pueblo junto al mar donde esperan encontrar a otros humanos. Ari, Desa y Lumu deciden ir con ellos.

Vocabulario

- **eso sí que no** - definitely not
- **sin embargo** - however
- **el tesoro** - treasure
- **pelear (con alguien)** - to fight (with sb)
- **divertido/a** - amusing
- **una nube de polvo** - a cloud of dust
- **el desconocido** - stranger
- **el jinete** - horseman
- **el panadero** - baker
- **el este** - east
- **el ladrón** - thief
- **detuvieron (algo)** - they stopped (sth)
- **no temas por (alguien)** - do not fear for (sb)
- **la duda** - doubt
- **susurró** - he whispered
- **la cicatriz** - scar
- **el trato** – deal

Preguntas de selección múltiple

Selecciona una respuesta para cada pregunta

1. Ari tiene ochenta años, pero:
    a. se le considera un anciano
    b. se le considera un adolescente
    c. se le considera sabio
    d. ninguna de las anteriores

2. Desa y Ari no son humanos. Son:
    a. lumus
    b. brillis
    c. caballos
    d. esligos

3. Lumu no puede hablar su idioma, pero puede:
    a. escribirlo
    b. cantarlo
    c. comunicarse con ellos en español
    d. usar lenguaje de señas

4. Los humanos llegan montados a caballo. Están perdidos y buscan:
    a. a una persona que les compre su oro
    b. a otros humanos
    c. un pueblo que se llama Cañada de las Aves
    d. a los brillis

5. Iardo dice que una vez fue:
    a. rey
    b. ladrón
    c. panadero
    d. esligo

Respuestas al Capítulo 1

1. b
2. d
3. a
4. b
5. a

Capítulo 2

Después de andar todo el día, llegaron al pueblo de Ladera. Ladera era un pueblo de montañas y **mineros** de joyas. También era un pueblo muy peligroso, lleno de criminales. Todos los mineros de joyas llevaban armas para protegerse de los ladrones.

El sol se había puesto hace horas. Era tarde y la gente los miraba.

—Debemos tener cuidado aquí —dijo Ari—. Deberíamos haber ido por alrededor del pueblo de Ladera.

—Así es más rápido —dijo Desa—. Además, nadie va a molestar a ocho humanos grandes.

«*Tal vez no*», pensó Ari. «*Pero todos van a molestar a dos esligos y los brillis nunca pelean. Lumu no nos sirve. Debemos quedarnos siempre con los humanos*».

—Estamos cansados —dijo Iardo—. Los caballos necesitan descansar. Yo también.

—¿Qué? ¿Te quieres quedar aquí? —preguntó Ari—. Sigamos. Podemos **acampar** fuera del pueblo.

—No tenemos nada para acampar. ¿Deseas dormir sobre el piso sin una **cobija** o una **carpa**?

—No, pero...

—Entonces alquilaremos habitaciones por esta noche —dijo Iardo y anduvo hacia un grupo pequeño de **cabañas**—. Mañana partiremos temprano para que no estéis asustados por tanto tiempo, pequeños esligos.

Desa se rio, pero Ari estaba preocupado. Iardo y sus hombres amarraron los caballos a unos postes de madera. Iardo caminó hasta la cabaña principal.

—Dijiste que no tenías dinero —dijo Ari.

El hombre alto y barbudo con el abrigo amarillo dio la vuelta.

76

—¿Qué?

—En Cañada de las Aves... dijiste que no tenías dinero.

Iardo **miró fijamente** al esligo menudo.

—Es verdad. ¿Qué quieres decir?

—¿Cómo pagarás por las habitaciones?

Los humanos miraron a su líder. Sadido le sonrió a Lumu, que escribió «?» en su libreta. Ekin apoyó la mano sobre el hombro de Ari.

—Es una buena pregunta, pequeño esligo —dijo Iardo—. Pero no te preocupes, los convenceré. Soy muy persuasivo cuando necesito serlo.

*

En verdad, Iardo era muy persuasivo. Les consiguió cuatro habitaciones grandes. Una para él, dos para sus hombres y una para que compartan Ari, Desa y Lumu.

Desa escogió la cama. Ari y Lumu pusieron cobijas sobre el piso. Al menos, las habitaciones eran **cálidas**.

—No confío en él —dijo Ari—. ¿Cómo consiguió las habitaciones sin dinero?

Lumu escribió una nota: «Tal vez **amenazó** al dueño de las cabañas...»

—Sí, yo pienso lo mismo —dijo Ari—. ¡Le dijo al dueño de las cabañas que sus hombres les harían daño!

—No hables tan alto —dijo Desa—. ¿Piensas que Iardo es peligroso? Si es así, no hables tan alto o te oirá.

—Solamente digo que no lo conocemos. Y ahora, pasaremos la noche en Ladera. Esto fue una mala idea.

—Estoy de acuerdo —dijo Desa—. ¡**Traerte** fue una mala idea!

Lumu se rio. Ari se dio la vuelta y trató de dormirse.

*

Cuando finalmente los tres se habían quedado dormidos, la puerta se abrió de un golpe. Unas figuras oscuras habían roto la puerta y habían entrado en la habitación. Ari se sentó, pero le pegaron en la cabeza. Se cayó hacia atrás y **se chocó contra** Lumu. Oyeron a Desa gritar y vieron que una de las figuras la levantaba.

¡La estaban **secuestrando**!

Ari se cogió la cabeza golpeada y volvió a levantarse. Las figuras oscuras no eran humanos; parecían mineros. Los mineros eran más bajos y fornidos que la mayoría de los humanos. Tenían la piel muy pálida porque no veían la luz del sol con frecuencia. Tenían ojos grandes para ayudarlos a ver mejor en la oscuridad de las minas.

Un minero **sostuvo a** Desa y corrió hacia afuera con ella. Tenía la mano sobre la boca de Desa y ella no podía emitir ningún sonido.

El otro minero esperó en la puerta por un momento. Parecía confundido. Tenía algo en la mano. Había cogido la cobija de Desa.

De repente, Ari escuchó el sonido de los humanos que se acercaban. ¡Ellos podrían ayudarles!

—¡Los mineros se han llevado a Desa! —gritó Ari.

Vio a Sadido y Ekin que corrían hacia él. El segundo minero corrió hacia la oscuridad y alcanzó al primer minero, que sostenía a Desa.

En la oscuridad, era difícil saber cuál de ellos la sostenía... ¡y cuál sostenía la cobija!

Ari los perseguía. Apuntó hacia ellos.

—¡Seguidlos! —les gritó a los dos humanos—. ¡Ellos tienen a Desa!

Los mineros corrían muy rápido. Ya **se habían alejado** demasiado. Uno fue hacia la izquierda, el otro hacia la derecha.

—¿Cuál tiene a la mujer? preguntó Ekin mientras corría junto a Ari.

—No sé cuál —dijo Ari—. Ven conmigo. Perseguiremos al de la izquierda. Sadido, ¡ve hacia la derecha!

Lumu se quedó en la cabaña. Los brillis caminan extremadamente **despacio** y nunca corren, pero cuando llegaron Iardo y los otros humanos, Lumu les escribió la historia de lo que había sucedido.

—No te preocupes —dijo el antiguo rey—. ¡Mis hombres atraparán a esos monstruos! **Salvarán** a tu amiga.

*

Lumu esperó con Iardo y los demás. Luego de una hora, regresaron Ari, Sadido y Ekin. Desa no estaba con ellos.

—Atrapé a uno de los mineros —dijo Sadido—. Pero no tenía a la mujer esliga. Solamente llevaba una cobija.

—¿Dijo hacia dónde iba el otro minero?

—Sí —dijo el humano con cicatrices frotándose los puños—. **Lo obligué** a hablar. El secuestrador está llevando a Desa a los pueblos junto al mar.

—¿Por qué? —preguntó Iardo—. ¿También van a Manantiales como nosotros?

Sadido negó con la cabeza.

—Tratarán de venderla allí.

Ari se sorprendió.

—¿Qué quieres decir con venderla? ¡Es una persona, no un caballo!

Los ojos azules de Iardo estaban muy tristes.

—Creo que hay muchas cosas que no sabes sobre el **mundo** —dijo. Nunca has estado fuera de Cañada de las Aves, ¿no?

—No es seguro salir —dijo Ari.

—¿Por qué no es seguro?

—Porque en los otros pueblos pasan cosas malas...

El líder bajó la mirada hacia sus pies.

—Pero, no sabes qué cosas malas, ¿no? Todo lo que sabes es que el mundo «no es seguro». Pero no sabes por qué.

—Nunca he querido saber por qué —dijo Ari llorando. ¿Por qué se había ido de su pueblo? ¡Sabía que tenía razón! ¡Había que quedarse en casa! ¡Era todo culpa de Desa! Y ahora... ahora Desa no estaba.

—Comprendo —dijo Iardo—. Pero vístete. Nos vamos. Aprenderás las cosas que no querías saber.

Anexo al Capítulo 2

Resumen

Ari, Desa y Lumu montan a caballo con los humanos. Van al pueblo de Ladera, que se encuentra sobre la montaña. Ladera es un pueblo minero peligroso. Se ha hecho de noche, y se quedan en unas habitaciones. Se acuestan, pero en la habitación de los esligos entran algunas personas. ¡Se llevan a Desa! Ari alerta a los humanos y persiguen a los secuestradores, pero los secuestradores escapan con Desa como prisionera.

Vocabulario

- **el minero** - miner
- **acampar** - to camp
- **la cobija** - cover
- **la carpa** - tent
- **la cabaña** - hut
- **miró fijamente (a alguien)** - he stared fixedly (at sb)
- **cálido/a** - warm
- **amenazó** – he threatened
- **traerte** - to bring you along
- **se chocó contra (alguien)** - he crashed into (sb)
- **secuestrando** - kidnapping
- **sostuvo a (alguien)** - he held (sb) up
- **se habían alejado** - they have moved away
- **despacio** - slowly
- **salvarán** - they will save
- **lo obligué** - I forced him
- **el mundo** - world

Preguntas de selección múltiple

Selecciona una respuesta para cada pregunta

6. Ari tiene ochenta años, pero es:
   a. mineros y criminales
   b. esligo
   c. caballos y joyas
   d. ríos y lagos

7. Iardo alquila una habitación. Para eso usa:
   a. su dinero
   b. su corona de oro
   c. su persuasión
   d. sus caballos

8. ¿Quién no confía en Iardo?
   a. Desa
   b. Lumu
   c. Ekin
   d. Ari

9. ¿Qué se llevan los secuestradores?
   a. Lumu y su cobija
   b. La corona
   c. Desa y su cobija
   d. Desa y la corona

10. De acuerdo con lo que dijo Sadido, el secuestrador dijo que:
    a. los mineros la habían matado
    b. los mineros planeaban venderla
    c. los mineros la perdieron
    d. los mineros se casaron con ella

6. b
7. c
8. d
9. c
10. b

Capítulo 3

Les llevó dos días llegar a Manantiales. El pueblo junto al mar era hermoso; las playas de arena eran limpias y preciosas. El mar azul se veía cálido y lleno de vida. Pero no había tiempo para pescar o divertirse.

Desa todavía estaba desaparecida. Quizás estaba allí. Quizás el minero aún la tenía prisionera... **a menos que** ya la hubiese vendido.

«Nunca había visto algo como esto» escribió Lumu. «Cuando encontremos a Desa, ¡debemos salir de aquí!»

Ari estaba de acuerdo. Manantiales parecía un pueblo perfecto. Pero no se sentía **cómodo** allí.

—Hay algo que está mal en este lugar —le dijo a su amigo—. ¿Puedes sentirlo?

Lumu se encogió de hombros. Los brillis no podían sentir muchas cosas. No eran personas muy sensibles.

Iardo les guiaba. Su caballo negro iba adelante. Parecía que sabía lo que hacía.

—¿Habéis estado aquí antes? —preguntó Ari.

—No.

—¿Dónde comenzaremos nuestra búsqueda?

Iardo llamó a Sadido con la mano. Sadido acercó su caballo al de su líder.

—¿Qué desea, mi señor? —Sadido le preguntó a Iardo.

El humano alto vestido de amarillo señaló a Ari.

—Explícale a este esligo hacia dónde estamos yendo.

—Estamos yendo al mercado de **esclavos** —dijo el hombre con cicatrices—. Allí encontraremos a tu amiga Desa.

—¿Cómo sabes eso? —dijo Ari.

—Lo sabe —dijo Ekin— porque es inteligente.

Ari estaba cada vez más asustado. Tenía una sensación que **no le agradaba**.

84

—¿Y cómo sabes dónde está el mercado? ¡Dijiste que nunca habías estado en este lugar!

De repente, Ari se dio cuenta de algo: no había visto a nadie en Manantiales. Pero en ese momento vio a alguien: un minero pálido. ¡No, un grupo de mineros!

Miró hacia el interior del edificio por la ventana. Adentro había mineros. A lo lejos, vio a un minero montado a caballo... ¡no, era un **burro**!

—Lo siento —dijo Iardo—, pero no he sido honesto contigo.

Señaló hacia la izquierda. No muy lejos, Ari vio una zona grande rodeada por una cerca. Parecía una **jaula** grande para animales. Dentro de la jaula había muchos esligos y otras criaturas. Eran prisioneros.

—Este pueblo hermoso tiene el mercado de esclavos más grande del oeste —dijo Iardo—. Traemos muchos esligos aquí. Puedes verlos en ese lugar. Y mira, ¡allí está tu amiga!

—¡Desa! —gritó Ari. Desa estaba en la jaula. Estaba viva... pero estaba **presa**.

—Vosotros trabajáis con los mineros —dijo Ari—. ¡Les estáis ayudando!

—A veces —dijo Iardo—, les traemos uno o dos esligos en camino a Manantiales a comprar pistolas. Los mineros hacen muy buenas pistolas, ¿no, Ekin?

—Las mejores —dijo Ekin, apuntando una pistola muy buena hacia Ari.

*

Los humanos pusieron a Ari y a Lumu en la jaula. Desa corrió a saludarlos.

—¡Pensé que nunca iba volver a verlos! —dijo—. ¡Lo siento, todo esto es mi culpa!

—No digas eso —dijo Ari abrazándola. Miró a su alrededor. Había al menos cien esligos en la prisión.

—¿Cuánto tiempo lleváis aquí? —le preguntó a uno de ellos.

—No mucho —dijo el joven esligo—. Hoy nos venderán.

—¿A quién nos venderán?

—No sabemos. Por cierto, me llamo Quelo. Mi hermano, Makán, está por allí. Quelo apuntó a un pequeño esligo. Makán **no tenía buen aspecto**. Parecía enfermo.

—Tenemos que escapar —dijo Ari. Parecía que era uno de los esligos más viejos de la jaula.

—Lumu, ¿qué podemos hacer para salir de aquí?

Lumu frunció el ceño. No era luchador. No tenía ideas. Pero luego vio cómo uno de los mineros caminaba hacia un burro. El minero hizo algo, pero Ari no lo vio.

Lumu tomó su libreta y escribió una nota.

«Está oscureciendo», escribió. Dibujó un burro y sonrió. «Esperaremos hasta que llegue la **madrugada**».

Ari y Desa leyeron la nota. No comprendían.

Lumu dibujó una llave. Señaló el dibujo del burro. Ari miró hacia los burros **de carne y hueso**. Uno de ellos tenía una pequeña bolsa de cuero.

«*¿Tal vez los guardias esconden las llaves de la jaula en esa bolsa?*», se preguntó Ari.

Luego vieron cómo Iardo y sus hombres hablaban con los mineros. Los humanos se reían. Los mineros le pagaban a Iardo. Luego Sadido cogió la corona. Los mineros estaban muy impresionados porque era una corona de oro de mucho valor. También les dieron dinero por la corona.

—Mintió sobre todas las cosas —dijo Desa—. ¡Robó la corona como me robó a mí!

Iardo miró hacia Desa, como si la hubiese oído. Sonrió. Desa **escupió** en el piso.

*

Esa noche, más tarde, los humanos se habían ido. Habían tomado su dinero y se habían marchado. Todos los esligos estaban sobre el suelo durmiendo. Los mineros se habían ido a casa, a excepción de algunos guardias. La mayoría de los guardias estaban bebiendo y jugando un juego de cartas. Algunos de los burros estaban parados alrededor de la jaula. Los burros no estaban **atados**. Podían caminar adonde quisieran.

Cuando todo estuvo en silencio, Lumu le dio un **golpecito** a Ari en el hombro. Ari le dio un golpecito a Desa y a Quelo. Ninguno estaba dormido. Solamente fingían. Poco a poco, todos los esligos se levantaron.

Lumu, el brilli, mostró la palma de su mano. La mano **brillaba** con una pequeña luz roja. Agitó la mano hacia donde estaban los burros y estos la miraron. Muy lentamente, caminaron hacia la jaula para ver qué era esa luz. Como todos los brillis, Lumu era muy bueno con los animales. Los animales lo adoraban y él los quería mucho.

Los burros no tenían miedo de Lumu. Caminaron hasta pararse a su lado. Lumu alargó la mano y le quitó la bolsa al burro. ¡La llave estaba adentro de la bolsa! Se la dio a Ari y Ari abrió la jaula con rapidez.

Los guardias estaban durmiendo una siesta. Con cuidado, Ari y Desa les quitaron las armas y se las dieron a los otros esligos. Juntaron a todos los burros y lentamente se alejaron de la jaula. Se escaparon de Manantiales de manera muy silenciosa.

Al día siguiente, irían por el camino largo alrededor de Ladera, y luego regresarían a Cañada de las Aves. Ari, Desa y Lumu les contarían a los demás lo que había pasado, luego acompañarían a los otros esligos secuestrados de vuelta a sus pueblos.

Muy pronto, todos los pueblos esligos se unirían. Muy pronto, formarían un **ejército** todos juntos. Pelearían con los mineros... y también con los humanos si veían alguno.

Los inocentes esligos habían aprendido dos lecciones importantes. El mundo es un lugar **que da miedo** y... ¡nunca debes confiar en un humano!

Anexo al Capítulo 3

Resumen

Ari y los demás llegan al pueblo del oeste llamado Manantiales, que se encuentra junto al mar. Es un pueblo muy bonito, pero hay algo que no está bien. Muy pronto, Ari descubre el secreto de Iardo: ¡ha estado trabajando con los mineros! Los humanos venden a Desa, Ari y Lumu como esclavos, pero Lumu los ayuda a escapar de ese pueblo maléfico y a regresar a Cañada de las Aves.

Vocabulario

- **a menos que** - unless
- **cómodo** - comfortable
- **el esclavo** - slave
- **no le agradaba** - he didn't like it
- **el burro** - donkey
- **la jaula** – cage
- **presa** - imprisoned
- **no tenía buen aspecto** - he didn't look well
- **la madrugada** - dawn
- **de carne y hueso** - real
- **escupió** - she spat
- **atado/a** - tied
- **el golpecito** - light punch
- **brillaba** - it shined
- **el ejército** - army
- **que da miedo** – scary

Selecciona una respuesta para cada pregunta

11. Manantiales es:
    a. un pueblo sobre las montañas
    b. un pueblo esligo
    c. un pueblo humano
    d. un pueblo junto al mar

12. Iardo vendió a los esligos a los mineros. ¿Qué otra cosa vendió?
    a. Algunos caballos
    b. Algunas cobijas
    c. Una corona robada
    d. Armas

13. Los mineros hacen muy buenas:
    a. armas
    b. joyas
    c. sopas
    d. cabañas

14. Lumu vio que el minero puso una llave:
    a. en una bolsa en un burro
    b. en una cobija en un caballo
    c. en el bolsillo de otro minero
    d. en la mano de Sadido

15. Cuando los esligos regresaron a casa:
    a. hicieron un baile
    b. comieron una comida muy grande
    c. se unieron con otros pueblos esligos
    d. mataron a todos los humanos

11. d
12. c
13. a
14. a
15. c

4. Mi amigo, el superordenador

Capítulo 1

—Felicitaciones, Tomás —me dijo la médica francesa.

Era joven para ser médica. Me parecía muy inteligente. También me parecía muy atractiva.

—La operación fue un éxito —dijo, sonriéndome—. Tu **cerebro** ya está conectado a nuestro superordenador.

—Ah —dije. Me sentía cansado. Había sido una operación larga—. ¿Puedo beber algo?

—Todavía no, Tomás. ¿Cómo te sientes?

—Tengo sed —dije—. Pero me siento bien. Es raro, pero no siento ningún dolor.

Estaba acostado sobre una cama en un hospital en **Suiza**. En la habitación pequeña había tres personas... y un ordenador negro gigante. El ordenador era más grande que un refrigerador.

Era un superordenador: el ordenador más rápido y más inteligente de toda Europa.

El nombre del ordenador era Titán 2035 (2035 era el año en que lo habían construido) y ahora yo estaba conectado a ese ordenador.

—Por supuesto que no sientes dolor. El cerebro humano no puede sentir dolor —dijo la médica francesa. El nombre de la doctora era Sheila Benoit. Era una de las creadoras de Titán 2035.

—Relájate ahora. En unos momentos comenzaremos a **descargar los datos**.

Miré hacia el enorme ordenador. Contenía más información que todas las bibliotecas de **la Tierra**. Comparado con Titán 2035, mi cerebro parecía muy pequeño y tonto.

—¿Cuánta información descargaréis? —pregunté.

—¡Toda! —dijo el asistente de la doctora Benoit, el profesor Bidwell. Era mucho más viejo que ella y tenía barba blanca y gafas de lectura—. ¿Por qué esperar? ¡Tu mente **puede con todo**!

—No, no lo escuches, está bromeando —dijo Benoit—. Por supuesto que tendremos mucho cuidado. Descargaremos la mayor cantidad de datos posible. Pero no lo haremos todo en un día.

—¿Me matará? —pregunté—. ¿O es verdad que mi mente puede manejar toda esa información?

El profesor Bidwell miró a la joven doctora, y luego me miró a mí.

—Yo creo que no te mataría, pero es solo mi opinión y yo **no estoy a cargo**.

—No, no te mataría, Tomás —coincidió Benoit—. Pero te podría enloquecer. No sabemos cuánta información puede manejar tu mente, entonces iremos despacio. **No te lastimaremos**, te lo prometo. Sonrió y me dio una palmadita en la cabeza.

—Eres demasiado caro. No queremos hacerte daño.

*

El proceso de conexión con los datos comenzó. Poco a poco, la información pasó de Titán 2035 a mi cerebro. Al principio, no me di cuenta, pero luego tomé conciencia de los nuevos datos y la nueva información. Se transfirieron a mi **memoria a largo plazo**. La información era nueva, pero parecía como si la hubiese sabido durante mucho tiempo.

Me estaban transfiriendo diferentes tipos de información: matemática, historia, ciencia, tecnología. También estaba recibiendo medicina, procedimientos de aplicación de la ley, tácticas de pelea, técnicas de actuación... ¡mucha variedad!

Pasaron tres horas. La doctora Benoit y el profesor Bidwell permanecieron sentados en silencio durante todo el tiempo. La tercera persona en la habitación era un **inversor**. Era muy viejo y vestía un traje plateado muy caro. Para caminar necesitaba la ayuda de un bastón.

Sabía que era el **dueño** de la Corporación TRANSMUTAR. Su compañía en Suiza era la dueña del hospital. Había pagado el costo del superordenador... y de la operación.

—¿Ya casi terminas, Sheila? —preguntó—. Dijiste que serían tres horas.

Apuntó hacia un reloj sobre la pared.

—Ya han pasado tres horas.

—Sí, señor —dijo—. Pronto terminaré el proceso de descarga y luego lo desconectaré del ordenador.

—¿Cuándo terminarán las pruebas? —preguntó el inversor. Había gastado millones de euros en investigación y **desarrollo**. Estaba ansioso por conocer los resultados del experimento.

—Le haremos pruebas a Tomás esta noche y mañana. Si su cerebro ha aceptado la información que descargamos, debería **ser capaz** de pasar las pruebas —dijo la doctora Benoit.

—Luego volveremos a conectarlo —dijo el profesor Bidwell—. Transferiremos más información mañana o al día siguiente.

—Excelente —dijo el inversor. Se puso de pie para marcharse.

—Buen trabajo, Tomás —me dijo.

—Gracias —contesté. Por algún motivo, no podía recordar su nombre. Era muy extraño porque sabía el nombre de su compañía.

—Lo siento, pero no sé su nombre.

—Está bien —dijo, saliendo de la habitación—. Ya no necesitas saberlo.

La doctora Benoit lo vio salir. Cuando ya había salido, se volvió hacia el profesor.

—¿Estás listo para comenzar el proceso de desconexión? —preguntó.

—¿Estás segura de que no quieres darle a Tomás un poquito más de información?

La doctora negó con la cabeza.

—Ya ha tenido suficiente. **Apaguemos** la transferencia de datos.

*

Me dio sueño. Todo se oscureció. No sé por cuánto tiempo estuve dormido.

Fueron sueños largos y **desagradables**... sueños de guerra y sufrimiento, de muerte y destrucción. No tenía forma de saber cuánto tiempo había estado dormido.

Finalmente me desperté y abrí los ojos. Por encima de mi cabeza podía ver el cielo y las nubes.

«¡Qué extraño! ¿Todavía estoy soñando?» me pregunté. *«¿Dónde está el **techo**?»*

Luego giré la cabeza y vi la habitación. La habían destruido. Rápidamente me senté y miré a mi alrededor. La doctora Benoit estaba en el piso, muerta. El profesor Bidwell había desaparecido. El superordenador negro, Titán 2035 estaba bien. ¡Todavía estaba encendido y me **suministraba** información!

95

Pero el resto del hospital ya no existía. Una bomba enorme había explotado y destruido el hospital mientras yo dormía. A lo lejos, oí que alguien pedía ayuda. Más allá, oí el sonido de los coches de policía que se acercaban.

«Ha habido un ataque terrorista», pensé. *«¿O esto sucedió por mí? ¿Alguien trató de matarme?»*

***«Quien sea que lo haya hecho**, ha cometido un gran error»*, decidí mientras bajaba lentamente de mi cama. Me desconecté de Titán 2035. *«No estoy muerto y voy a descubrir quién lo hizo... ¡y los haré pagar!»*

Anexo al Capítulo 1

Resumen

Tomás está conectado a un superordenador. Su médica y el asistente están transfiriendo información desde el ordenador, Titán 2035, al cerebro de Tomás. También hay un inversor en la habitación, pero se marcha antes de que terminen. Tomás se queda dormido. Cuando se despierta, ve que el hospital está destruido y su médica está muerta.

Vocabulario

- **el cerebro** - brain
- **Suiza** - Switzerland
- **descargar los datos** - to download the data
- **la Tierra** - the Earth
- **puede con todo** - it can handle everything
- **no estoy a cargo** - I'm not in charge
- **no te lastimaremos** - we won't hurt you
- **memoria a largo plazo** - long-term memory
- **el inversor** - investor
- **el dueño** - owner
- **el desarrollo** - development
- **ser capaz** - to be able to
- **apaguemos** - let's switch off
- **desagradable** - unpleasant
- **el techo** - roof
- **suministraba** - it supplied
- **quien sea que lo haya hecho** – whoever did it

Preguntas de selección múltiple

Selecciona una respuesta para cada pregunta

1. ¿Cuánta gente hay en la habitación, incluido Tomás?
    a. 2
    b. 3
    c. 4
    d. 5

2. ¿De dónde sacó Titán 2035 parte de su nombre?
    a. Su número de serie
    b. El año en que lo construyeron
    c. El año actual
    d. Ninguna de las anteriores

3. ¿Por qué motivo la doctora Benoit opina que deben tener cuidado?
    a. Han gastado mucho dinero en Tomás
    b. Han gastado mucho dinero en Titán
    c. Está enamorada de Tomás
    d. Su asistente le dice que deben ir más lento

4. ¿Por qué quieren parar después de tres horas?
    a. Tomás se aburriría
    b. Tomás se cansaría
    c. Demasiada información podría ser peligrosa para Tomás
    d. Demasiada información podría darle sueño a Tomás

5. En un principio, ¿qué piensa Tomás que le sucedió al hospital?
    a. Una explosión de gas
    b. Un incendio

c. Un accidente
d. Un ataque terrorista

Respuestas al Capítulo 1

1. c
2. b
3. a
4. c
5. d

Capítulo 2

—¿Qué recuerda sobre la explosión, señor Ramírez?

—Ya se lo he dicho —dije, sentado en la estación de policía. Estábamos en una habitación pequeña con un espejo grande. Había una mesa de metal entre la oficial policía y yo—. Llámeme Tomás. Y no recuerdo nada porque estaba dormido.

La oficial de policía rubia **estaba grabando** nuestra conversación. En el oído tenía un **auricular**. Alguien le estaba diciendo qué tenía que preguntarme. Quizás era alguien que estaba sentado del otro lado del espejo.

—¿Tiene alguna idea de quién hizo explotar el hospital? —preguntó la oficial. Tenía un acento suizo muy fuerte, pero su gramática española era buena—. ¿Alguna idea **en absoluto**?

Miré a la cámara que me estaba grabando.

—La policía no debería **jugar a los acertijos** —dije—. ¿Si tengo una idea? Por supuesto. Fue la cabeza de la compañía.

—¿Qué compañía? —preguntó—. ¿La Corporación TRANSMUTAR?

—Por supuesto. ¿Qué otra compañía hay? Estoy hablando de la cabeza de la compañía que pagó por el experimento.

La oficial de policía me miró fijamente.

—Eso no tiene sentido. ¿Por qué ese hombre iba a destruir su propio trabajo?

—¿Cómo sabe que el dueño es un hombre? —pregunté—. Acaba de decir «ese hombre».

La oficial **parpadeó**. Ignoró mi pregunta.

—¿Piensa que es una coincidencia que usted vivió pero los otros murieron?

—No creo que haya sido un accidente —dije, poniéndome de pie—. No creo en las coincidencias. Una bomba destruyó el hospital por completo, pero yo sobreviví. Creo que eso fue **a propósito**.

Había terminado con la entrevista. La oficial me pidió que me sentase. Me negué.

—Le dije que se siente, señor Ramírez...

—Llámeme Tomás —dije, caminando hacia el espejo—. Hay tres personas sentadas al otro lado de este espejo. Una de ellas trabaja para TRANSMUTAR. Esa persona le está diciendo lo que tiene que preguntarme.

—¿Por qué dice eso? —preguntó. Pero su cara me dijo todo lo que necesitaba saber. Su expresión me dijo la verdad.

—Me marcho —dije—. La **entrevista** se ha terminado. Abra la puerta.

—Tomás, todavía debemos hacerle algunas preguntas...

—No necesita hacerme preguntas. Ya sabe la respuesta a todo lo que me está preguntando.

La puerta estaba cerrada. A su lado había un teclado numérico. Sin pensarlo, **marqué el código** y la puerta se abrió.

—Usted sabe quién hizo explotar el edificio. Y usted sabe por qué lo hizo.

No trató de evitar que me marchase.

—¿Por qué? —preguntó.

Giré y señalé mi cabeza.

—Para crearme a mí.

*

En la otra punta del pueblo había una **estación de noticias**. Me subí a un taxi y le pedí que me lleve allí.

Los medios estaban felices de reunirse conmigo. Organizamos una conferencia de prensa rápida. Muchas estaciones de noticias y **revistas** enviaron reporteros. Les di a todos una historia fantástica de manera gratuita.

—¿Seguro no quieres recibir dinero a cambio de tu historia? —preguntaron. Les resultaba difícil creerlo.

—Solamente quiero que le cuenten la verdad al público. ¡La gente debe saber la verdad! El dueño de TRANSMUTAR quiso matar a mi médica. Quiso hacerlo **parecer** como un ataque terrorista, pero fue él.

—Pero, ¿para qué haría eso?

—Para que el experimento nunca termine. Estuve conectado al superordenador durante muchas horas, mucho más de lo que debería haber estado. Mi médica, la doctora Benoit, quería tener cuidado. Ella quería descargar cantidades pequeñas de datos.

—Pero tú opinas...

—No opino. Lo sé. Sé que el dueño quería **mantenerme conectado** durante más tiempo. Él y el profesor Bidwell querían llevarme al límite. Querían saber cuánta información puede contener una mente humana.

—¿Cuánto puede contener? —me preguntó el periodista.

Le sonreí.

—Demasiado —dije.

El nombre del periodista era Miguel Santiago Vallejos, estaba casado y tenía una sola hija. Sabía su edad, su dirección y los nombres y la dirección de sus padres. Sabía dónde se había graduado, qué notas tenía y quiénes eran sus amigos en las **redes sociales**.

Le dije el número de la matrícula de su coche y cuántas infracciones de tráfico había cometido el año anterior. También le dije que debería dejar de fumar.

—¿Cómo sabes que fumo? —preguntó.

—Está en tus informes médicos.

*

No arrestaron al dueño de la compañía. No había **pruebas** de que tuviese algo que ver con la explosión. Incluso me pidió que nos encontrásemos en privado.

—Hijo mío, no puedes ir por allí haciendo estas acusaciones que no tienen sentido —me dijo, ofreciéndome una bebida.

—Guárdese su bebida. No confío en usted.

—Muy bien —me dijo, sentándose—. Pero si dices una sola palabra más sobre mí, **te demandaré**.

—Hágalo, no tengo ningún dinero —dije. Pero sabía que estaba mintiendo. No me demandaría. Probablemente, en lugar de eso me haría matar—. Es extraño. Lo sé casi todo sobre todas las personas, pero no puedo recordar su nombre. Aun cuando la gente me lo dice, me olvido. ¿Por qué sucede eso?

—No sabría decirte por qué —dijo encogiéndose de hombros—. Tal vez sea una falla. Algún tipo de error en el funcionamiento de tu cerebro. Tienes tanta información nueva dentro de la cabeza, que probablemente te olvides de algunas cosas.

—Claro, qué pena que mi médica esté muerta, ¿no?

—Mira, Tomás... ya te lo he dicho. Yo no tengo nada que ver con eso. **Deja de culparme**.

—¿Y dónde está el profesor Bidwell? —pregunté—. Nunca se encontró su cuerpo.

—Esa es una buena pregunta —dijo, mientras servía un vaso de agua—. La policía me dijo que lo están buscando. Toma, al menos bebe un poco de agua.

Observé el vaso. El anciano realmente quería que lo bebiera.

—Bien —dije, estirando la mano izquierda. Se puso de pie para alcanzármelo.

Deslicé el pie izquierdo detrás del anciano, como un **anzuelo**. Con la mano derecha, le empujé la cara con todas mis fuerzas. Se **tropezó** y se cayó.

Salté sobre él, y le eché el agua sobre la boca abierta. Trató de escupirla, pero le cerré la boca. **La tragó**.

El cuerpo del anciano tembló durante unos minutos, luego dejó de moverse para siempre.

—Qué extraño —dije—. La gente siempre dice que debemos beber agua, pero mira lo que sucede cuando lo haces.

Anexo al Capítulo 2

Resumen

Tomás se encuentra con los periodistas. Les cuenta que él piensa que el dueño de la Corporación TRANSMUTAR causó la explosión en el hospital. El dueño también se encuentra con Tomás. Amenaza con demandar a Tomás. Le ofrece a Tomás un vaso de agua envenenada, pero Tomás se lo hace beber al anciano en su lugar.

Vocabulario

- **estaba grabando** - she was recording
- **el auricular** - earpiece
- **en absoluto** - at all
- **jugar a los acertijos** - to play riddles
- **parpadeó** - she blinked
- **a propósito** - on purpose
- **la entrevista** - interview
- **marqué el código** - I dialed the code
- **la estación de noticias** - news station
- **la revista** - magazine
- **parecer** - to seem
- **mantenerme conectado** - to keep me connected
- **la red social** - social network
- **la prueba** - proof
- **te demandaré** - I'll sue you
- **deja de culparme** - stop blaming me
- **el anzuelo** - hook
- **tropezó** - he tripped
- **la tragó** - he swallowed it

Preguntas de selección múltiple
Selecciona una respuesta para cada pregunta

6. ¿Por qué Tomás habla con los periodistas?
    a. Para cobrar dinero por su historia
    b. Para hacerse famoso
    c. Para encontrarse con el dueño de TRANSMUTAR
    d. Para contarle al público la verdad sobre la explosión

7. ¿Por qué Tomás sabe todo acerca del periodista?
    a. Porque Tomás descargó demasiada información
    b. Porque Tomás leyó los archivos sobre el periodista durante el almuerzo
    c. Porque Tomás conoce al hombre desde la universidad
    d. Ninguna de las anteriores

8. ¿Qué opina Tomás acerca del profesor Bidwell?
    a. Que está trabajando en Brasil
    b. Que está trabajando para Titán 2035
    c. Que está muerto
    d. Que está trabajando con el dueño de TRANSMUTAR

9. ¿Por qué el dueño quiere que Tomás beba algo?
    a. Porque Tomás tiene sed
    b. Porque Tomás está cansado
    c. Porque quiere envenenar a Tomás
    d. Porque quiere demandar a Tomás

10. ¿Cómo hace Tomás para que el dueño se beba el agua?
    a. Engaña al dueño
    b. Los dos beben un poco de agua
    c. Tomás le cambia las gafas

d. Tomás le echa agua al anciano en la boca

6. d
7. a
8. d
9. c
10. d

Capítulo 3

Muy bien. Ahora la policía me persigue.

No era mi intención matar al dueño de la Corporación TRANSMUTAR. Todo lo que hice fue darle de beber su propia agua. ¿Eso me convierte en un mal tipo?

Ya no importa. Ahora soy un fugitivo. La policía me persigue.

Traté de contarle al mundo lo que me había sucedido... pero nunca pude **terminar** mi historia.

Nunca pude decirles que ya no soy humano.

La transferencia de información con Titán 2035 me ha cambiado. Soy exactamente lo que TRANSMUTAR quería. Soy un «transhumano».

Mi médica está muerta. No tengo forma de **deshacer** lo que hicieron. La única persona que podría ayudarme es el profesor Bidwell. Todavía está desaparecido, pero tal vez podría encontrarlo.

¡Soy muy inteligente estos días!

De hecho, ahora soy la criatura **viviente** más inteligente sobre la Tierra (Titán no cuenta, no está vivo).

*

Finalmente, me tomó solamente dos días encontrar a Bidwell. Estaba escondido en la isla de Guam en el Pacífico. Es un buen lugar para esconderse ya que está tan lejos de Europa... pero es una isla muy pequeña. Una vez que estás allí, no tienes dónde esconderte.

—¿Cuánto te pagó? —pregunté, sentado sobre el **pecho** de Bidwell.

—Quítate de encima —dijo—. No puedo respirar.

—Si estás hablando es porque puedes respirar —contesté—. ¡Ahora, habla!

—¿Qué quieres saber sobre Zenón?

—¿Él es el dueño de TRANSMUTAR? ¿Se llama Zenón?

—Sí, pero te olvidarás de su nombre. No quiere que tú sepas quién es.

—Ya no creo que le preocupe —dije—. Está muerto.

Bidwell **se espantó**.

—¿Lo has matado?

Le estaba presionando las muñecas con los pies, pero pisé con más fuerza. El profesor gritó.

—No maté a nadie. Él me dio un vaso de agua. Se lo hice beber. Debe haber estado **envenenado**.

—Entonces lo mataste —dijo el profesor—. ¡No inventes excusas! ¡Eres un asesino!

—¡Y tú también! —dije, poniéndome de pie—. Lo ayudaste a hacer explotar el hospital, ¿no?

—No —dijo—. Lo juro, no sabía que lo haría.

—Pero desapareciste. No estabas allí cuando el lugar explotó.

—Zenón se había ido. Luego me llamó para que me encuentre con él afuera. —Bidwell seguía intentando sentarse. Le resultaba difícil respirar—. Salí para encontrarme con él, y en ese momento el hospital explotó. **Huí**. Tenía miedo.

—¿Miedo de qué?

—Miedo de que la policía me culpe, ¡cómo lo estás haciendo tú ahora!

—Pues parece sospechoso. Huiste de un crimen.

El anciano profesor se puso de pie sobre sus rodillas débiles. Buscó sus gafas sobre el piso. Yo las tenía.

—Las necesito —dijo.

—Necesito saber cómo deshacer el experimento —dije—. No quiero ser tan inteligente. No puedo pensar por mí mismo, hay demasiada información en mi cerebro. No tengo pensamientos propios. Ya no soy una persona verdadera.

—A muchas personas les encantaría tener lo que tú tienes —dijo—. Yo soy uno de ellos.

—Eso es porque no lo tienes —dije—. Si fueras como yo, me entenderías. Es horrible. La doctora Benoit tenía razón. Se debería haber hecho poco a poco.

Suspiró.

—¿Qué quieres de mí, Tomás? **Lo hecho, hecho está**. El laboratorio se ha destruido y todo el equipo y toda la investigación ya no existen. Sheila está muerta. No podemos volver atrás en el tiempo.

—No todo el equipo se ha destruido —dije, dándole las gafas—. Titán 2035 no está dañado.

—Entonces tal vez deberías estar hablando con él, no conmigo.

—Qué coincidencia —dije, marchándome—. Estaba pensando exactamente lo mismo.

*

El viaje en avión de regreso a Suiza desde Guam fue muy largo, pero estaba feliz de volver. Viajaba con una identidad falsa para que la policía no me siguiese. Cuando regresé, fui a buscar a Titán 2035. Lo habían sacado del hospital en ruinas, por supuesto, pero yo sabía dónde estaría: dentro del edificio de la Corporación TRANSMUTAR.

Esperé hasta la noche, luego forcé la entrada al edificio. Titán estaba **encerrado** en una habitación segura, pero me resultó fácil entrar. Encendí el sistema del ordenador y comencé a hablar a Titán en su propio idioma: código informático.

—El profesor Bidwell dijo algo interesante —le dije a Titán—. Dijo que no se puede volver atrás en el tiempo.

—Incorrecto —indicó Titán—. Viajar hacia adelante y hacia atrás a través del espacio-tiempo es simple.

—Ahora lo sé, pero hay una parte que **me confunde**. Necesito tu ayuda, Titán...

*

Juntos, calculamos las fórmulas matemáticas necesarias para crear una máquina del tiempo. No era difícil, pero había partes que mi cerebro orgánico no podía resolver y Titán tenía problemas con algunas de las partes más creativas. Trabajando como un equipo resolvimos el acertijo.

Por supuesto, Bidwell **estaba equivocado**. La investigación acerca de mi conexión con Titán nunca se destruyó... porque Titán lo tenía todo guardado dentro de sí. Y esa era la **clave** para viajar hacia atrás en el tiempo.

Volví a conectar mi mente a Titán, pero esta vez, en lugar de descargar datos del ordenador, subiría mis datos a él.

Eso fue lo que hicimos.

¿El único problema? Una vez que me fusioné con Titán 2035, no hubo vuelta atrás. No quise cambiar el pasado. No quise volver a ser solamente «Tomás Ramírez» otra vez, porque ahora ya no era siquiera transhumano, era algo más.

Algo que no puedo explicarte... porque todavía eres solamente un humano.

Pero no te preocupes. Titán y yo tenemos una solución a tu problema. Podemos **arreglarte**.

Hoy, solamente eres humano, ¡pero no lo serás por mucho tiempo!

Anexo al Capítulo 3

Resumen

Tomás encuentra al profesor Bidwell, quien está escondido en una isla, pero Tomás no descubre nada nuevo. Regresa a buscar a Titán 2035. Juntos, descubren un método para viajar en el tiempo. Pero en lugar de volver atrás en el tiempo, Tomás cambia de idea. Decide cambiar a otros humanos para que sean como él.

Vocabulario

- **terminar** - to finish
- **deshacer** - to undo
- **viviente** - alive
- **el pecho** - chest
- **se espantó** - he got scared
- **envenenado** - poisoned
- **huí** - I ran away
- **lo hecho, hecho está** - what is done cannot be undone
- **encerrado** - locked in
- **me confunde** - it confuses me
- **estaba equivocado** - he was wrong
- **la clave** - key
- **arreglarte** - to mend you

11. El profesor Bidwell se escondía:
    a. en una isla cerca de Europa
    b. en un bote
    c. en una cabaña en la montaña
    d. en una isla en el Océano Pacífico

12. ¿Bidwell trabajaba para Zenón?
    a. Sí, juntos hicieron explotar el hospital
    b. Sí, pero Bidwell no le ayudó a hacer explotar el hospital
    c. No está claro
    d. No

13. Tomás lo dejó a Bidwell porque:
    a. Bidwell no podía ayudarle
    b. Bidwell le apuntó con una pistola
    c. Bidwell trató de envenenarlo
    d. Bidwell quería ayudarlo

14. ¿Qué pensaba Titán 2035 sobre los viajes en el tiempo?
    a. Era imposible
    b. Ya se hizo antes
    c. Era posible con un agujero negro
    d. Era sencillo

15. ¿Por qué Tomás cambió de opinión sobre los viajes en el tiempo?
    a. Tenía temor de cambiar el pasado
    b. Tenía temor de cambiar el futuro
    c. Quería convertir a todos los demás en alguien como él
    d. Murió

11. d
12. b
13. a
14. d
15. c

This title is also available as an audiobook.

For more information, please visit the Amazon store.

5. El pueblo de Calavera

<u>Capítulo 1</u>

El Lejano Oeste era famoso por su historia **sangrienta**. Deadwood, Dakota del Sur; San Antonio, Texas; Tombstone, Arizona... había muchos pueblos peligrosos y sin ley. En algunos casos, el sheriff del pueblo era la persona más poderosa. Mantenía el orden público.

Pero no todos los pueblos tenían un sheriff.

Por ejemplo, ¡Calavera, Oklahoma! Calavera no tenía sheriff, ni leyes, ni reglas. No era civilizado en absoluto. Cada uno hacía lo que quería.

Había **apuestas**, peleas, bebida, y otros **vicios** durante el día y la noche, siete días a la semana. La mayoría de los días, había un asesinato antes del desayuno. ¡O durante el desayuno!

Aun así, el pueblo seguía **creciendo** cada año. Y cada año, había un criminal nuevo que llegaba y trataba de tomar el control. Trataban de convertirse en los jefes de Calavera, los jefes de todos los habitantes del lugar.

Para controlar el crimen, debías ser más duro que los otros criminales. Para hacer dinero, debías desearlo más que los demás.

Por eso los jefes nunca vivían demasiado tiempo. ¡Siempre los mataban y **los reemplazaban**!

Hasta que un día, a finales del otoño, llegó Erkek Tex.

Las personas que vivían allí, los habitantes de Calavera, supieron inmediatamente que traería problemas.

Se dieron cuenta cuando lo vieron entrar al pueblo montado a caballo. El caballo era pálido, más blanco que la leche. El hombre tenía la cara **curtida** como el cuero, la piel bronceada por el sol. Bajo la nariz tenía un bigote negro gigante. El bigote le llegaba hasta debajo de los labios. Las cejas eran tan **tupidas** como el bigote.

—¿De dónde piensas que vino ese hombre? —le preguntó el dueño de la tienda a su amigo. El amigo era el dueño del bar que estaba al otro lado de la calle. El bar se llamaba Salón Brisas de la Pradera.

—No es de por aquí —dijo el dueño del bar—. Parece extranjero.

—Pues bien, Marty, ¿de qué país crees que viene?

Marty alzó las manos. No lo sabía.

El dueño de la tienda miró a Erkek Tex. Tex estaba atando su caballo blanco a un poste. El sol se ponía y el viento ya era frío. Tex sacó una caja pequeña. Cogió un poco de tabaco y armó un cigarro. Inclinó la cabeza para encender el cigarro. Un sombrero de **vaquero** grande y marrón le cubría los ojos.

Cuando volvió a mirar hacia arriba, Tex estaba mirando a Marty, el dueño del bar.

—Si tú estás sentado aquí, ¿quién cuida tu bar? —preguntó. Tenía un acento muy fuerte, sonaba como una persona del Oriente Medio. Jamás se lo diría a nadie en el pueblo, pero su familia había emigrado desde el Imperio Otomano. De hecho, su **sobrenombre**, «Erkek», significaba «hombre» en turco.

—Trato de quedarme afuera —dijo Marty—. En mi bar, los clientes cogen lo que quieren, y pagan lo que quieren. Si no, hay problemas.

—¿Qué quieres decir con «problemas»?

119

—Quiero decir que ya les han disparado a los últimos tres dueños del Salón Brisas de la Pradera.

—Vuelve al bar —dijo Erkek Tex—. Voy a entrar. Y no me gusta servirme mis propias bebidas.

El dueño del bar miró a Tex. Tex no era corpulento, pero tampoco era pequeño. Tenía músculos, pero su cuerpo era delgado. Llevaba pistolas a ambos lados del cuerpo.

—**Forastero** —dijo Marty—, iré al bar, pero no empieces a dispararle a las personas. No quiero tener problemas.

—Yo tampoco quiero problemas —dijo Tex—. Por eso no habrá ninguno.

El dueño del bar era también el camarero (la persona que servía las bebidas). Cruzó la calle caminando. Dentro del Salón Brisas de la Pradera había una docena de hombres. Algunos estaban jugando un juego de cartas. Otros estaban sentados a las mesas, **sosteniendo** vasos o botellas. Algunos otros estaban sentados junto a la barra larga de madera del bar, hablando en voz alta. Cuando vieron entrar al dueño del bar, se detuvieron.

—¡Sal de aquí, Marty! —dijo uno de los hombres sentados junto a la barra. Era alto y tenía el cabello marrón, largo y rizado. También tenía barba marrón. Vestía ropas **desgastadas** y olía muy mal. Dejó su taburete y se puso de pie—. Ponemos nuestro dinero sobre la barra. Cogemos lo que queremos beber, así que no te necesitamos.

—Está bien —dijo el dueño del bar—, solamente vine a ver cómo estaban las cosas.

El hombre con rizos a quien llamaban «Curly» caminó hacia Marty. Le puso una mano sobre el pecho.

—Te dije que no te necesitamos. No hay nada para que vengas a ver. Ahora te puedes ir.

El amigo de Curly se rio.

—Sí, ¡déjanos solos, viejo!

Marty frunció el ceño y se dio la vuelta para volver a salir. Pero en ese momento, entró Erkek Tex.

Tex miró al hombre con el cabello rizado.

—Camarero —dijo Tex con voz muy gruesa—, hoy he viajado muchas millas a caballo. Tengo mucha sed. **No te quedes** ahí **parado** y sírveme una bebida.

Curly escupió en el suelo.

—¡No soy el camarero!

—Entonces, ¿dónde está el camarero? ¡Estoy cansado de esperar!

Curly señaló a Marty.

—Este es el camarero, pero no lo queremos aquí adentro.

—Está bien —dijo Tex—. Si él se va, entonces tú puedes servirme mi bebida. ¡Ya!

Curly sacó su pistola y le apuntó a Erkek Tex.

—Nadie me habla de esa ma...

El sonido de un disparo se hizo eco en el bar. Curly cayó muerto al suelo.

—¿Quién será el camarero? —preguntó Tex, con la pistola **humeante** en la mano.

Todos apuntaron a Marty.

Anexo al Capítulo 1

Resumen

El pueblo de Calavera, Oklahoma es muy peligroso porque no hay sheriff. No hay nadie a cargo del pueblo. Un vaquero misterioso llamado Erkek Tex llega al pueblo. Le pide a Marty, el dueño del bar del pueblo, que entre al bar. Tex entra. Ve que los clientes no quieren que Marty esté allí. Uno de los clientes le apunta a Tex, pero Tex lo mata primero.

Vocabulario

- **sangriento/a** - cruel, bloody
- **la apuesta** - bet
- **el vicio** - bad habit
- **creciendo** - growing
- **los reemplazaban** - they replaced them
- **curtido/a** - tanned
- **tupido/a** - thick
- **el vaquero** - cowboy
- **el sobrenombre** - nickname
- **el forastero** - stranger
- **sosteniendo** - holding
- **desgastado/a** - worn out
- **no te quedes parado** - don't stand still
- **humeante** - smoky

Preguntas de selección múltiple
Selecciona una respuesta para cada pregunta

1. La familia de Erkek Tex viene de:
   a. Oklahoma
   b. México
   c. Deadwood, Dakota del Sur
   d. el Imperio Otomano

2. En el pueblo, Marty es dueño de:
   a. la tienda
   b. el establo para caballos
   c. el bar
   d. la peluquería

3. ¿De qué color es el caballo de Tex?
   a. Blanco
   b. Marrón
   c. Negro
   d. Gris oscuro

4. ¿Por qué Marty se sienta afuera?
   a. Confía en sus clientes
   b. Tiene miedo de sus clientes
   c. No tiene ningún cliente
   d. Hay una persona que sirve a los clientes

5. ¿Qué quiere Curly?
   a. Servirle una bebida a Tex
   b. Que Marty se vaya
   c. Que Marty le sirva una bebida a Tex
   d. Matar a Marty y a Tex

Respuestas al Capítulo 1

1. d
2. c
3. a
4. b
5. b

Capítulo 2

—Este pueblo no es **lo suficientemente grande** para los dos —dijo el «Diablo Audaz», Noel Cruz. El Diablo Audaz era un bandido del estado de Texas. Lo buscaba la policía en varios estados. Lo querían capturar por muchos crímenes diferentes.

Si veías un póster con su cara que decía «BUSCADO», también **solía decir** «vivo o muerto».

El Diablo Audaz estaba cansado de escaparse de la ley, y por eso se había ido a un lugar donde la ley no existía. Se había mudado a Calavera, Oklahoma.

En Calavera, vivía muy bien. Organizaba algunos juegos de cartas, y compraba y vendía **oro**. A veces, ayudaba a entrar armas de contrabando desde México. Tenía una buena vida. No tenía miedo. No tenía que preocuparse pensando que la policía podía golpear a su puerta.

Pero a veces, llegaban forasteros al pueblo. Querían tomar el control. Querían ser los que mandaban en el pueblo. Querían crear problemas. Al Diablo Audaz no le gustaba eso. No quería que nadie se hiciera cargo del pueblo. Si alguien se hacía cargo, se empezaría a organizar todo. Si las cosas se empezaban a organizar, llamaría la atención.

Nadie en Oklahoma se preocupaba por Calavera. Todos lo ignoraban. Era demasiado pequeño para que la policía le prestase atención, pero si alguien empezaba a hacer mucho dinero, comenzaría a llegar más gente. Ya estaba creciendo más de lo que el Diablo Audaz quería.

—Tenemos que ocuparnos de este nuevo personaje — le dijo a su esposa. Era una americana nativa de la tribu india cheroqui. Se llamaba Ayita, que quería decir «primero la danza».

Vivían juntos en una pequeña **cabaña de troncos**. La cabaña estaba en las afueras del pueblo. Eran dueños de varios acres de tierra. Nadie venía a visitarlos jamás.

Pero a veces iban al pueblo a comprar provisiones. Sabían que el pueblo había estado cambiando. Lo habían visto crecer muy rápidamente, y sabían que era por causa del forastero, Erkek Tex.

—No te metas con Erkek Tex —dijo Ayita, mientras cocinaba un **guiso**—. Solo lleva aquí cuatro meses. Pronto se cansará de este lugar y se marchará.

—No lo creo —dijo el Diablo Audaz, limpiando su rifle. La mayoría de los criminales del pueblo llevaban armas. La mayoría llevaba revólveres. Las pistolas o los revólveres eran más pequeños y más cómodos para caminar con ellos, pero al Diablo Audaz no le importaba. Un rifle largo era más **poderoso**. Era rápido con el rifle. Era tan rápido con el rifle como la mayoría de los otros vaqueros lo eran con sus revólveres.

Pero nunca usaba su arma a menos que fuese necesario. No quería matar a nadie.

«*Cuando matas a una persona, siempre hay problemas*», pensó. «*Algún **pariente** del muerto aparecerá. Tratarán de matarte. O te buscará la policía....*»

—Tex se parece un poco a mí —dijo—. Le gusta estar aquí, en un lugar sin mucha población. No hay mucha gente y nadie te molesta. Pero también es como los otros. Quiere tener una reputación. Quiere controlar este pueblo.

Ayita usó una cuchara larga para servir algo del guiso en un **cuenco**. Estaba muy caliente. Puso el guiso sobre la mesa.

—Come tu cena —dijo.

—No tengo hambre.

—Deja el rifle —dijo—. Ya está limpio. Nunca lo usas. Ven a comer.

El Diablo Audaz dejó el trapo que usaba para limpiar y apoyó el rifle. Se levantó de su silla y fue hasta la mesa.

—Óyeme, mujer. Sé muy bien de lo que estoy hablando. Ese turco otomano tiene grandes planes para este lugar. Tiene gente que trabaja con él. Se han abierto nuevos **negocios**. Pronto, el pueblo será dos veces más grande y luego la policía comenzará a venir a Calavera. **Alguien se dará cuenta** de que no hay sheriff.

Ayita puso un cuenco con guiso caliente para ella sobre la mesa y luego trajo algo de pan.

—Tal vez tú podrías ser el sheriff.

El Diablo se rio.

—¿Yo? Soy un fugitivo. La policía me busca. ¡Me buscan por muchos crímenes!

—Entonces debes **permanecer** escondido. No busques problemas con el forastero.

El Diablo Audaz arrancó un pedazo de pan y lo mojó en su guiso.

—Ese forastero ya creó el problema —dijo—. Y esta noche lo voy a solucionar.

    *

El Diablo Audaz cogió su rifle y un bolso. Se subió a su caballo y montó hasta el pueblo. La mayoría de los ciudadanos de Calavera estaban adentro. La noche era fría, podía ver su **aliento** en el aire.

—¿Dónde está Erkek Tex? —le preguntó a una persona en la calle. La persona tenía una chaqueta cara y botas nuevas.

—¿Quién quiere saber? —preguntó la persona, mirando al Diablo Audaz. El Diablo conocía a la mayoría de las personas de este pueblo. Este era un desconocido.

«*Más y más gente nueva*», pensó. «*¡Este pueblo debe dejar de crecer!*»

—Si no sabes mi nombre —dijo el Diablo—, seguro eres nuevo aquí.

—Tal vez sí, tal vez no —dijo el hombre de la chaqueta elegante—. Pero te hice una pregunta. ¿Quién eres?

El Diablo Audaz no lo podía creer. ¡Nunca nadie en Calavera le había hablado a él **de esa manera**!

—Me llamo Noel Cruz. La gente me llama el «Diablo Audaz».

—Qué sobrenombre estúpido. Si no sabes quién es Tex, no necesitas saberlo. ¡Buenas noches! El hombre pateó una piedra y se alejó caminando.

Diablo quería saltar de su caballo y pegarle, pero **respiró hondo** y miró a su alrededor. El Salón Brisas de la Pradera estaba iluminado. Se oía el sonido de voces en el interior. **Ya que estaba en el pueblo**, bebería algo.

—¡Mirad quién está aquí! —gritó alguien cuando el Diablo entró al bar—. ¡Ven a sentarte con nosotros!

El hombre que había gritado saludó al Diablo con la mano. Estaba sentado a una mesa llena de hombres.

El Diablo se sentó.

—¿Por qué has venido al pueblo esta noche? —le preguntaron.

El Diablo le pidió a Marty una bebida y les contó su plan.

Después de contarles, el Diablo dijo: —Ahora necesito saber dos cosas. ¿Dónde está Erkek Tex? Y, ¿quién desea ayudarme a matarlo?

Anexo al Capítulo 2

Resumen

Noel Cruz, también conocido como el Diablo Audaz, es un criminal. Se esconde en el pueblo de Calavera porque la policía nunca va allí. No quiere que el pueblo crezca. No le gusta Erkek Tex porque Tex está haciendo crecer al pueblo. La esposa del Diablo quiere que deje a Tex tranquilo, pero el Diablo va al pueblo a buscarlo. Va al bar y se encuentra con algunos hombres.

Vocabulario

- **lo suficientemente grande** - big enough
- **solía decir** - it used to say
- **el oro** - gold
- **la cabaña de troncos** - log cabin
- **el guiso** - stew
- **poderoso** - powerful
- **el pariente** - relative
- **el cuenco** - bowl
- **el negocio** - business
- **alguien se dará cuenta** - somebody will notice
- **permanecer** - to remain
- **el aliento** - breath
- **de esa manera** - this way
- **respiró hondo** - he breathed deeply
- **ya que estaba en el pueblo** - now that he was in town

Preguntas de selección múltiple
Selecciona una respuesta para cada pregunta

6. ¿Dónde vive el Diablo?
    a. En una cabaña de madera cerca del pueblo
    b. En una casa en el centro del pueblo
    c. En un pueblo cercano a Calavera
    d. Con su esposa, en Texas

7. ¿Qué desea Ayita?
    a. Quiere que su esposo mate a Erkek Tex
    b. Quiere ir al pueblo
    c. Quiere que su esposo deje tranquilo a Erkek Tex
    d. Quiere mudarse a Nevada

8. ¿Al Diablo le gusta usar qué tipo de arma?
    a. Usa un rifle
    b. Usa una pistola
    c. No usa armas
    d. Usa una ametralladora

9. ¿Por qué el Diablo no puede creer lo que escucha cuando habla con un hombre en la calle?
    a. El hombre viste ropa extraña
    b. El hombre es un forastero y le habla al Diablo de manera ruda
    c. El hombre se ríe del rifle del Diablo
    d. El hombre quiere bailar con la esposa del Diablo

10. ¿Cuántos hombres encuentra el Diablo dentro del bar?
    a. 2
    b. 4
    c. 5
    d. No dice cuántos

6. a
7. c
8. a
9. b
10. d

Capítulo 3

—Este pueblo no es lo suficientemente grande para los dos. Debes marcharte —dijo el Diablo Audaz—, o morir. Llevaba su rifle. Lo alzó en el aire.

Erkek Tex estaba sentado en la silla del peluquero. El peluquero, un hombre gordo con **mejillas rosadas**, le cortaba el pelo y le recortaba el bigote. Dejó de cortar.

—No dije que dejes de trabajar —le dijo Tex al hombre. El peluquero comenzó a trabajar otra vez, pero seguía mirando al Diablo.

—¡Oye! —gritó el Diablo Audaz—. ¿Me has oído?

—Eres muy perseverante, Noel Cruz —dijo Tex, llamando al Diablo por su nombre verdadero—. Eso te puede meter en problemas.

—No vine para discutir. Vine para hacer que te marches.

Tex alzó la mano para que el peluquero **se detuviera**. Le susurró algo al peluquero, y el hombre se marchó. Luego Erkek Tex se puso de pie. Se cepilló el bigote grande y negro con un peine pequeño. Siempre llevaba un peine para bigotes. Le gustaba **lucir** bien, especialmente para sus enemigos.

El Diablo estaba confundido. ¿Por qué Tex estaba tan tranquilo? El Diablo apuntó con su rifle a Tex, quien lentamente comenzó a caminar hacia la puerta.

—¡Tienes razón! —gritó Tex. Caminó hacia afuera—. ¡Pues sí, tienes razón, Diablo Audaz! ¡Calavera no es lo suficientemente grande para mí! Entonces, ¡no puede ser lo suficientemente grande para mí y para ti!

Un pequeño grupo de personas comenzó a **reunirse** en el lugar. El peluquero le había dicho a la gente que salga. Tex le habló a la multitud.

Sin embargo, el Diablo no estaba solo. Tenía dos amigos que estaban escondidos. Sus amigos también llevaban armas. Si Erkek Tex intentaba hacer algo, los tres le dispararían.

Pero el turco otomano no era tonto. Se puso el sombrero de vaquero y alzó las manos. **No intentó** coger sus pistolas.

—¡Quiero que te marches de aquí! —gritó el Diablo—. Todos queremos que te marches de Calavera. ¡Queremos que las cosas vuelvan a ser como eran antes!

—¿En serio? —preguntó Tex—. Si es verdad, está bien. Quédate aquí, Noel Cruz. Quédate aquí, ¡para que la policía no te encuentre! ¡Quédate aquí y no hagas nada! **No te juzgo** y no te culpo.

—Ya te lo dije una vez, Tex —dijo el Diablo—. ¡No he venido a discutir!

El diablo seguía apuntando al pecho de Tex.

—No me obligues a que te dispare.

—No, no, ¡por supuesto que no! ¡Te lo prometo! Nunca le doy a nadie un motivo para que me dispare —dijo Tex, mirando a la multitud—. Ese no es mi estilo. ¡Trato de ser bueno con la gente! Trato de traer negocios nuevos, dinero nuevo, pero no busco **peleas**. ¡Odio pelear!

—¡Le disparaste a Curly en tu primer día aquí! Todos lo saben.

—¡Sí, lo hice! —reconoció Tex—. Pero yo no empecé esa pelea. Me estaba protegiendo, ¡y un hombre tiene derecho a protegerse! ¿**No te parece**?

La gente de la multitud asintió con la cabeza. Uno de ellos gritó: —¡Tex tiene razón!

El Diablo sabía que Tex no estaba diciendo la verdad. No se había defendido ante Curly. Había comenzado la pelea y luego le había disparado a Curly y lo había matado. Pero ahora eso no importaba.

—Contaré hasta diez, Tex. ¡Prepárate para partir!

—Sí, ya te dije que haré lo que pides —dijo Tex— ¡quédate aquí! ¡Voy a **empacar**!

Tex miró a la multitud por última vez. Algunos de sus amigos eran parte del grupo.

—¡Me marcho, chavales! ¡No tratéis de detenerme!

—No, no te marches —dijo uno de los hombres—. ¡Has sido un buen jefe!

—¡Sí, el mejor jefe! —dijo otro de los criminales—. ¡Calavera te necesita!

—Lo sé, lo sé, pero mira, el señor Diablo Amigo, aquí...

—¡«**Audaz**», no «Amigo»! —dijo el Diablo.

—Lo siento. El señor Diablo quiere que me vaya. Quiere quedarse a cargo. ¡Ahora es su turno!

—Eso no es lo que dije —respondió el Diablo—. No quiero quedarme a cargo...

—¡Pelea con él, Tex! —gritó una mujer de la multitud. Era una de las novias de Tex—. Eres más rápido que él.

El Diablo Audaz se estaba poniendo nervioso. No esperaba que la gente de Calavera actuase de esta manera. Pensaba que odiaban a Tex tanto como él, pero estaban actuando como si fuese su mejor amigo.

Tex asintió con la cabeza, pero miró al Diablo.

—La mía es la pistola más rápida de Oklahoma. ¡Esa es la verdad! Pero Noel Cruz ha venido con amigos. —Tex señaló a uno de los amigos del Diablo que estaba escondido sobre un techo—. Ha sido más inteligente que yo. ¡Ahora él es vuestro jefe! ¡**Se lo ha ganado**!

—Amigos, ¡eso no es lo que quiero! —el Diablo le gritó a la multitud—. No estoy aquí para **tomar el poder**.

Solamente no quiero que Calavera crezca demasiado. Si no, ¡vendrá un sheriff! ¡La ley vendrá al pueblo!

Marty el camarero había estado mirando. En ese momento, caminó y se paró junto a Erkek Tex.

—Ya tenemos una ley aquí. ¡La ley de Tex!

La multitud comenzó a **gritar** y aplaudir.

Marty continuó.

—Tex, ¿qué podemos hacer para que te quedes?

Erkek Tex se encogió de hombros. ¡Solamente **se me ocurre una cosa**! Si Noel Cruz, también conocido como el criminal Diablo Audaz, no existiese... ¡yo no tendría este problema!

Tex miró hacia el techo. El hombre que había estado allí se había ido, y Tex sabía que el otro hombre armado también se había ido.

El Diablo Audaz estaba solo.

—¿Si yo no existiese? —dijo el Diablo. Estaba asustado, pero todavía tenía el rifle. Seguía apuntando hacia Tex—. Entonces tienes un problema, Tex. ¡Yo sí existo!

Un segundo más tarde, varias pistolas dispararon. Noel Cruz, el «Diablo Audaz» de Texas, cayó muerto en medio de la calle. Tex observó el cuerpo del hombre muerto.

—No, no existes —dijo—. No en mi pueblo.

Anexo al Capítulo 3

Resumen

El Diablo Audaz se encuentra con Erkek Tex en una peluquería. Le dice a Tex que se marche del pueblo. Tex camina hacia afuera y comienza a hablar. La gente del pueblo ha venido a escucharlo. El Diablo tiene dos amigos escondidos, pero se marchan. Se marchan porque la gente de Calavera quiere que Tex se quede. Entonces, matan al Diablo Audaz.

Vocabulario

- **las mejillas rosadas** - rosy cheeks
- **se detuviera** - he stops (subjunctive)
- **lucir** - to look good
- **reunirse** - to gather
- **no intentó** - he didn't try
- **no te juzgo** - I don't judge you
- **la pelea** - fight
- **¿No te parece?** - Don't you think so?
- **empacar** - to pack
- **audaz** - audacious
- **se lo ha ganado** - he has earned it
- **tomar el poder** - to take the power
- **gritar** - to shout
- **se me ocurre una cosa** - one thing comes to mind

11. ¿Qué está haciendo Tex en la peluquería?
    a. Se está cortando el pelo y el bigote
    b. Se está afeitando la barba
    c. Se está afeitando el cabello
    d. Se está cortando las uñas

12. ¿Quién le pide a Tex que se quede?
    a. El dueño de la peluquería
    b. El dueño del bar
    c. El dueño de la tienda
    d. La novia de Tex

13. ¿Por qué Tex sale de la peluquería hacia afuera?
    a. Para tomar aire fresco
    b. Para buscar a su novia
    c. Para que la gente lo pueda escuchar
    d. Para que el peluquero pueda terminar de cortarle el pelo

14. ¿Por qué motivo dice Tex que mató a Curly?
    a. Dijo que Curly estaba haciendo trampas a las cartas
    b. Dijo que se estaba defendiendo de Curly
    c. Dijo que estaba protegiendo a Marty de Curly
    d. Dijo que Curly había disparado al dueño de la tienda

15. ¿Quién mata al Diablo Audaz?
    a. Erkek Tex
    b. Ayita
    c. Marty
    d. El pueblo de Calavera

11. a
12. b
13. c
14. b
15. d

6. La Iglesia

Capítulo 1

El conductor del autobús seguía mirando a Amelia. La miraba fijamente por el espejo retrovisor. Amelia se dio cuenta de que lo había estado haciendo **durante un rato**. Le estaba comenzando a molestar de veras.

Amelia miró a su alrededor; todos los asientos del autobús estaban vacíos. Era un autobús urbano grande. Ella era la última pasajera. La ciudad estaba dormida. Eran casi las dos de la mañana.

«Me sigue mirando», pensó Amalia. *«Tal vez piensa que soy muy bonita. Pero él se parece a un **cavernícola** peludo».*

Trató de ignorarlo. Miró hacia afuera por la ventana. Estaba muy oscuro. Pasaron por edificios oscuros. Todos los edificios tenían las luces apagadas. Y casi no había coches en la calle...

De repente, se dio cuenta de algo: *«¡No conozco esta calle! Esta no es la calle donde deberíamos estar».*

Amelia **se asustó**, giró la cabeza y miró al conductor. Estaba conduciendo y sonreía sin motivo.

«¿Qué está haciendo este tipo?»

Se levantó del asiento, sosteniendo un **monedero** pequeño. El viaje en autobús había sido muy tranquilo, pero cuando comenzó a avanzar hacia el frente, una de las ruedas del autobús se metió en un bache en la calle. Amelia cayó hacia adelante. Estrechó el brazo. **Se aferró** de un respaldo y logró mantenerse en pie.

El conductor del autobús se rio. *«¡Se había metido en el bache a propósito!»*

—¡Siéntate, jovencita! —dijo el conductor. Tenía que respirar hondo después de cada **oración**. Tenía algún problema respiratorio—. ¡Estamos en una calle con muchos baches!

—Disculpe, ¿en qué calle estamos? —preguntó Amelia—. ¿Está perdido?

—¿Qué quieres decir? ¡Nunca me pierdo! —respiró profundo y se rio con la boca abierta. Le faltaban varios dientes. **Se rascó la barba** y tosió—. Te dije que te sientes. No es seguro estar de pie cuando el autobús está en movimiento. No queremos que te lastimes tu cabecita bella. ¡Te podría arruinar el **peinado**!

A Amelia esta situación no le pareció divertida. Había oído historias en las que pasaban cosas como esta. Pero no tenía miedo, todavía no. Sostuvo el monedero con fuerza y se acercó al conductor.

—Dígame, ¿hacia dónde estamos yendo? No reconozco esta calle. Este no es el camino correcto.

—Es el correcto para mí —dijo el conductor de manera misteriosa. En lugar de mirarla en el espejo, giró su cabeza y la miró fijamente. En la barba tenía **migas de galleta**. Tenía los ojos rojos e inyectados en sangre. Aun a la distancia, Amelia podía sentir su olor.

«¿Este tipo se habrá bañado alguna vez este año? ¡Realmente apesta!»

Repentinamente, el conductor trató de tocarla. Amelia dio un paso hacia atrás, y él volvió a reírse.

—Solamente estoy bromeando —dijo, **jadeando**—. No te preocupes, soy un profesional. Sé lo que estoy haciendo.

A Amelia no le gustó lo que oyó. Se sentó y esperó, mientras se preguntaba si debería hacer una llamada telefónica. *«Actúa raro»*, pensó, *«pero tal vez está perdido de veras. A veces, los conductores nuevos se olvidan del camino que deben seguir. Tal vez no quiere reconocer que está perdido. Tal vez no sabe dónde estamos, pero* **tiene vergüenza***».*

El conductor comenzó a reducir la **marcha**. Amelia miró hacia afuera por la ventana. En la calle no se veían **farolas** ni señales de alto. *«¿Por qué reduce la marcha? ¿Dará una vuelta?»*

—Ya casi llegamos —dijo el conductor. Tomó un trago de una botella de plástico. A Amelia no le pareció que la bebida que había en la botella fuese agua.

El autobús paró en un aparcamiento grande y sin uso. El lugar estaba vacío; no había ningún coche. En las **grietas** del piso crecían hierbas. Había botellas de vidrio rotas y basura en todos lados. Un perro abandonado daba vueltas por el lugar.

El aparcamiento estaba vacío; no había farolas en ningún lado. El conductor se detuvo y se quitó el **cinturón de seguridad**.

—Última parada —dijo. Tomó otro trago y se limpió los labios con la manga de la camisa—. Hora de que las chicas bonitas se bajen de mi autobús.

Amelia se puso de pie. El conductor abrió la puerta del autobús y la señaló.

Ella negó con la cabeza.

—Esta no es mi parada. ¿Qué cree que está haciendo?

—Ya **te enterarás** muy pronto —dijo—. Bájate del autobús.

Tomó su teléfono, pero ya no había tiempo. El conductor se acercaba rápidamente.

Amelia presionó el botón para llamar, pero este marcó el número de la última persona a la que había llamado: ¡su hermana!

—Hola, hermanita —dijo la hermana de Amelia, Adela—. ¿Sabes la hora que es? ¡Es tarde!

El conductor le pegó al teléfono que Amelia tenía en la mano y este cayó al piso.

—¡Ayuda! ¡Estoy en un autobús y el conductor está loco!

El conductor rompió el teléfono de un **pisotón con la bota**. No dejaba pasar a Amelia. Había alzado los dos brazos. Amelia ya no podía salir del autobús.

«*Debería haber salido cuando tuve la oportunidad*», pensó. «*¡Pero todos los autobuses tienen una salida de emergencia!*»

Se dio la vuelta y corrió hacia la parte trasera del autobús. El conductor la siguió. Amelia llegó a la puerta trasera de emergencia y giró el picaporte. **Pateó** hacia atrás adonde estaba el conductor, y él se detuvo por un segundo. No podía respirar.

—No te alejes corriendo —dijo—. No puedo correr muy rápido.

Amelia abrió la puerta y saltó. **Se dobló el tobillo** y cayó sobre las rodillas. El conductor dio un paso lento hacia abajo. No se podía mover muy bien. Su estado físico era muy malo, pero la miró y sonrió.

Ya **no tenía apuro**.

Anexo al Capítulo 1

Resumen

Amelia está en un autobús urbano. Es de noche, tarde, y es la única pasajera. El conductor la mira mucho. No reconoce la calle en la que están andando. Amelia le pregunta qué está haciendo y el conductor comienza a asustarla. El hombre detiene el autobús en un aparcamiento abandonado y Amelia se escapa por la puerta trasera.

Vocabulario

- **durante un rato** - for a while
- **el/la cavernícola** - cave dweller
- **se asustó** - she got scared
- **el monedero** - purse
- **se aferró** - she clung
- **la oración** - sentence
- **se rascó la barba** - he stroked his beard
- **el peinado** - hairstyle
- **las migas de galleta** - cookie crumbs
- **apesta** - he stinks
- **jadeando** - panting
- **tiene vergüenza** - he's ashamed
- **la marcha** - gear
- **la farola** - street light
- **la grieta** - crack
- **el cinturón de seguridad** - seat belt
- **te enterarás** - you will find out
- **el pisotón con la bota** - boot stamp
- **pateó** - she kicked

143

- **se dobló el tobillo** -she twisted her ankle
- **no tenía apuro** - he wasn't in a hurry

Preguntas de selección múltiple
Selecciona una respuesta para cada pregunta

1. Amelia piensa que el conductor es raro porque:
    a. no deja de mirarla
    b. no deja de reírse
    c. tiene mal olor
    d. todas las anteriores

2. Amelia se pone de pie en el autobús, pero casi se cae. ¿Por qué?
    a. Se tropezó con una botella
    b. Estaba mirando hacia afuera por la ventana
    c. El autobús se metió en un bache en la calle
    d. El conductor está bebiendo y conduciendo al mismo tiempo

3. ¿Por qué el conductor jadea?
    a. Porque está en mal estado físico
    b. Porque es muy tarde por la noche
    c. Porque le gusta el cabello de Amelia
    d. Porque está enfermo

4. ¿A quién llama Amelia?
    a. A su hermano
    b. A sus amigos
    c. A la policía
    d. A su hermana

5. ¿Qué le pasa a Amelia cuando se baja del autobús?
    a. El conductor se cae sobre ella
    b. Se lastima el tobillo
    c. Corre hacia la policía
    d. Llama por teléfono

1. d
2. c
3. a
4. d
5. b

Capítulo 2

Amelia vio un **depósito** viejo y abandonado. El aparcamiento donde estaban era para los empleados del depósito. Pero ese negocio ya no existía. Estaba cerrado para siempre. La mayoría de los negocios en esta parte del pueblo estaban cerrados. Los edificios ya no se usaban. Tampoco había casas en la zona.

Era la parte más vacía del pueblo. **Aun si** gritaba, nadie la oiría.

—¿Por qué me trajiste hasta aquí? —preguntó. Sabía que era una pregunta tonta, pero quería que el conductor siguiese hablando. Tal vez podría convencerlo de abandonar su plan. Podría hacer que se diera cuenta de su error. Podría decirle que en realidad no quería dañarla.

—Debes tener más paciencia —dijo el conductor peludo, caminando hacia ella. Caminaba de manera extraña. Caminaba más como un **pato** que como una persona. Pero su comportamiento no tenía nada de divertido.

—Ten paciencia —dijo nuevamente—. Ya verás por qué te traje hasta aquí. Te enseñaré. Te enseñaré hasta que aprendas.

—¡Estás loco! —gritó Amelia, dando un paso hacia atrás—. ¡Socorro, ayuda!

—El amor es loco. ¡Y estoy enamorado de ti! —se rio nuevamente, luego escupió algo en el piso—. Por cierto, puedes gritar y chillar todo lo que quieras... pero **no te servirá de nada**.

Amelia dio una vuelta, mirando a su alrededor. Ya sabía que el conductor tenía razón. Nadie podía salvarla. Estaba sola.

En ese momento vio algo. Amelia vio una pequeña luz en la oscuridad. Había solamente una luz diminuta que venía de un edificio viejo y pequeño. El edificio estaba a un costado de la calle, detrás del depósito. En el interior, se veía el **destello** de una luz dorada.

«*¿Será una vela*» se preguntó, porque la luz no era constante. Vacilaba como la **llama de una vela**. «*Si es una vela, ¡debería haber alguien adentro! Nadie dejaría una vela prendida*».

Corrió en la dirección de la luz que parpadeaba. Le dolía el tobillo, pero no tenía elección. Tenía que soportar el dolor. El hombre la seguía de cerca. No iba a cambiar de opinión.

—Jovencita, no hay motivo para huir —dijo—. **Te caeré mejor** una vez que me conozcas.

—¡Eso no va a suceder! —gritó Amelia—. ¡Aléjate de mí!

—¿Hacia dónde corres? ¡No hay nadie allí!

La joven seguía adelante a pesar del dolor en el pie. Cada vez estaba más cerca del edificio con la vela. Parecía que era el único lugar adonde podía huir.

No podía ver muy bien. La noche era más oscura de lo habitual. Las nubes en el cielo cubrían la luz de las estrellas. La luna también estaba escondida detrás de las nubes. Pero Amelia podía ver algo sobre el edificio. Sobre el techo del edificio había una cruz.

«*¿Es una iglesia? ¿Aquí en el medio de la nada?*»

Se acercó y vio que realmente era una iglesia. La iglesia también parecía abandonada. Algunas de las ventanas estaban rotas. Tenían tablas de madera que caían hacia un lado u otro. La **hierba** alrededor de la iglesia era muy alta.

Nadie había estado en este lugar en muchos años.

«*Si nadie la usa, ¿por qué hay una vela encendida adentro? Ojalá no sea una persona* **sin hogar** *que está viviendo allí*».

Pero cambió de opinión. Aun si era una persona sin hogar, quizás podría ayudarla. ¡Cualquier cosa era mejor que pelear sola contra el conductor del autobús loco!

*

La puerta de entrada no tenía seguro. Amelia corrió hacia el interior de la iglesia vacía. Vio la vela en la ventana. Había velas en todas las ventanas, pero no había nadie.

Cerró la puerta.

«¡Ay, no! ¡No tiene cerradura!»

El conductor del autobús se acercaba. Caminaba rápido, pero no podía correr. No estaba en buen estado físico como para correr. Se había quedado sin aliento.

—Te lo dije, ¡no me hagas perseguirte! —dijo, mirando a través de la ventana. Tenía **sudor** en la cara. Parecía un animal.

—¡Alto! ¡Basta! Mi hermana llamará a la policía. ¡Me oíste cuando la llamé!

—Sí, pero no sabe dónde estás.

—La policía puede **rastrear** mi teléfono.

El conductor tenía el teléfono en la mano. Lo alzó. Estaba destruido.

—Lo deberías haber sostenido mejor —dijo, con una sonrisa **escalofriante**—. Ahora deja de correr, jovencita. No tienes adónde ir.

Amelia dio un paso hacia atrás. El conductor estaba parado en el exterior, mirando hacia adentro por la ventana. La puerta no tenía cerradura. Necesitaba poner algo frente a la puerta para bloquearla. Había algunos **bancos** pesados. Cogió uno de los bancos y trató de arrastrarlo hacia la puerta, pero era demasiado tarde, ¡el conductor ya estaba entrando!

—¡Ayuda! —gritó una vez más.

«¿Dónde estaba el **predicador** de este lugar? ¡Tenía que haber alguien aquí porque había velas! No se habían apagado todavía... ¿Quién había prendido las velas?»

Trató de mantener la puerta cerrada, pero era demasiado pesada. El conductor empujó y empujó, y finalmente logró entrar. Amelia intentó pegarle con el **puño**, pero falló.

—¡Oye, tómatelo con calma! —dijo—. No quiero pelear contigo.

—Me engañaste —dijo—. Esta iglesia... vives aquí, ¿no? ¡Es tu lugar!

—¿**Bromeas**? —dijo el conductor. Tiró el teléfono por encima del hombro—. Tengo un departamento bonito. Nunca viviría en una iglesia. Sería raro.

—Pero tú sí pusiste las velas aquí. Era un truco para hacerme entrar.

—Estás equivocada sobre la primera parte. Yo no puse las velas aquí, pero tienes la razón sobre la segunda parte. Sí, era un truco...

Luego Amelia oyó el sonido de otra persona en el edificio. «¡Hay alguien más aquí!»

El hombre salió de su escondite detrás de una cortina grande. Era muy alto y delgado, y tenía cabello largo y negro. Vestía un traje negro viejo. En un principio, Amelia pensó que tal vez era un predicador.

El hombre olía tan mal como el conductor. Parecía como si no se hubiese dado una ducha en mucho tiempo, y también parecía muy **hambriento**.

—Hola, Alfredo —dijo el falso predicador al conductor del autobús—. ¡Qué buena presa! Hoy trajiste una buena. Pero la próxima vez, tráeme algo para comer. ¡Sabes que siempre me gusta un buen **emparedado**!

—**Deja de quejarte** —dijo el conductor—. ¿Y por qué me llamaste Alfredo? ¡Ahora ya sabe mi nombre!

—¿Y qué? ¿A quién se lo va a decir?

Amelia estaba atrapada entre los dos hombres. El conductor estaba parado en la puerta de entrada, el predicador se acercaba más y más.

—Tienes razón —dijo Alfredo, el conductor. Miró a Amelia con sus ojos rojos—. Los muertos no cuentan secretos.

Anexo al Capítulo 2

Resumen

Amelia trata de escaparse del conductor. Ve un edificio con una vela adentro. Se acerca corriendo y ve que es una vieja iglesia. Entra, pero no puede detener al conductor. Él también entra. Luego entra su amigo. ¡Amelia está atrapada!

Vocabulario

- **el depósito** - warehouse
- **aun si** - even if
- **el pato** - duck
- **no te servirá de nada** - it's no use
- **el destello** - ray
- **la llama de una vela** - candle flame
- **te caeré mejor** - you will like me more
- **la hierba** - grass
- **sin hogar** - homeless
- **el sudor** - sweat
- **rastrear** - to track
- **escalofriante** - chilling
- **el banco** - bench
- **el predicador** - preacher
- **el puño** - fist
- **¿Bromeas?** - Are you kidding me?
- **hambriento** - starving
- **el emparedado** - sandwich
- **deja de quejarte** - stop complaining

Preguntas de selección múltiple
Selecciona una respuesta para cada pregunta

6. ¿Por qué la noche es más oscura de lo habitual?
   a. Porque es tan tarde
   b. Porque hay muchos árboles
   c. Porque el cielo está nublado
   d. Porque está usando gafas de sol

7. ¿Por qué Amelia no puede detener al conductor para que no entre a la iglesia?
   a. El conductor entra por la ventana
   b. El conductor rompe la puerta
   c. Amelia se olvidó de cerrar con cerrojo
   d. La puerta no tiene cerradura

8. Amelia piensa que el segundo hombre se parece a alguien. ¿A quién?
   a. A un jugador de fútbol
   b. A un conductor de autobús
   c. A un vendedor de coches
   d. A un predicador

9. ¿Por qué se queja el segundo hombre?
   a. Tiene hambre
   b. Está cansado
   c. Quiere una bebida
   d. Quiere más luz

10. ¿Qué hace el conductor del autobús con el teléfono de Amelia?
    a. Lo deja en el autobús
    b. Lo tira hacia afuera

c. Se lo da a Amelia
d. Se lo da a su amigo

6. c
7. d
8. d
9. a
10. b

Capítulo 3

Amelia **les suplicó** a los dos hombres. No tenéis por qué hacer esto —dijo—. Podéis deteneros ahora. ¡Podéis dejarme ir!

El predicador falso miró a su socio, Alfredo el conductor de autobús.

—Eres muy persuasiva, jovencita —dijo. Olía como un retrete sucio. Metió la mano dentro del bolsillo. Amelia lo miraba, preguntándose qué iba a hacer. Sacó la mitad de un emparedado de queso del bolsillo y comenzó a comerlo—. ¿Crees que deberíamos dejarte ir?

—¡Sí!

—¿Y no se lo dirás a nadie?

—¡No, **lo juro**! —dijo Amelia.

—¿No le dirás a nadie lo que tratamos de hacer?

—Si me dejáis ir, no se lo diré a nadie —dijo Amelia—. Pero... ¿qué le habéis hecho vosotros dos a esas otras personas? ¿Lo habéis hecho antes?

Alfredo se rio y tosió.

—A veces. Un hombre necesita un **pasatiempo**, ¿no?

Se limpió el sudor de la barba y dio un paso hacia adelante—. Mira, encanto, no nos vas a convencer de que no lo hagamos. No te dejaremos ir. Así que, relájate.

—Espera —dijo el predicador—. Déjala que termine de hablar. No hay apuro. Me gusta el sonido de su voz.

—A mí me gusta el sonido de sus **gritos** —dijo Alfredo—. Pero no me gusta escucharla hablar.

Amelia levantó las manos. Todavía sostenía su monedero.

—Señores, quiero daros todas las oportunidades que pueda. Quiero que os deis cuenta de que tenéis una opción. Podéis deteneros en cualquier momento.

156

El predicador se sentó en un banco. Cruzó las piernas y la miró fijamente. Parecía muy interesado.

—Quiere darnos «todas las oportunidades». ¿Qué quieres decir? Aquí no tienes ningún **poder**. Eres nuestra prisionera.

—Solamente le gusta hablar —dijo Alfredo—. Dile que cierre la boca. ¡Sigamos adelante!

Amelia ignoró a Alfredo. Se sentó en el banco junto al predicador.

—Quiero decir que vosotros sois dos adultos. Tenéis libertad de elección. Podéis ser criminales o actuar de manera normal. No tenéis que **herir** a la gente. Tenéis razón, soy vuestra prisionera y no tengo ningún poder aquí. Pero vosotros tenéis poder... el poder de dejarme ir. ¡En este mismo instante! Y no hacer esto nunca más.

—Nos gusta hacerlo —dijo Alfredo, cruzando los brazos—. Y si no cierras la boca, te...

—¿Qué? ¿Me mataréis? —preguntó Amelia—. Ya sé que vais a matarme. Entonces, no tengo nada que **perder**, ¿no?

—Te equivocas, sí que tienes algo que perder —dijo Alfredo—. Y lo perderás muy pronto.

—Entonces, dejadme comprar mi vida —dijo Amelia, abriendo su monedero—. Tengo $1000 aquí. Os los daré si me dejáis ir.

El predicador negó con la cabeza.

—Ese dinero ya es nuestro. Todo lo que tienes es nuestro.

—Darío, por favor, ¿podrías dejar de hablar con ella? —dijo Alfredo.

—No querías que te llame Alfredo —dijo el predicador, poniéndose de pie—, ¡pero ahora tú me llamas por mi nombre!

—¡Porque tenías razón! —dijo Alfredo y respiró hondo—. Ya no importa, Darío. ¿A quién se lo puede decir ella?

—Los dos tenéis razón —dijo Amelia. No se lo diré a nadie y vosotros tampoco.

Sacó una pistola pequeña del monedero y le disparó una vez a Darío, el predicador falso. Con calma, se puso de pie junto al banco. Apuntó la pistola hacia Alfredo, quien alzó las manos en el aire. Amelia continuó mirándolo, luego volvió a apuntar la pistola hacia Darío y le disparó dos veces más. Quería **asegurarse** de que estuviera muerto.

—¡Oye! ¡No me mates! —dijo Alfredo—. Solamente estábamos bromeando. ¡No íbamos a hacerte daño de veras!

—¿Pero vosotros dijisteis que habíais hecho lo mismo antes?

—No, estaba... estábamos mintiendo. No era verdad. Solamente lo dijimos **para asustarte**.

—Os di todas las oportunidades para que me dejaseis marchar, ¿no? Una y otra vez, os repetí que podíais deteneros —dijo Amelia, apuntando la pistola al estómago del conductor—. No era necesario que esta situación termine así. Esto no tenía por qué suceder.

—Lo juro —dijo Alfredo, sudando otra vez. Estaba tratando de caminar hacia atrás, pero **se chocó contra** un banco—. No te íbamos a hacer nada. Nuestro plan era dejarte ir.

—No, no lo era.

—¡Sí lo era! ¡No íbamos a hacerte daño!

—Pero yo sí te haré daño —dijo Amelia, disparándole dos veces. Era experta en usar armas. Sabía exactamente dónde dispararle a una persona si quería matarla. También sabía dónde dispararles para que no muriesen.

158

Alfredo cayó al suelo chillando y **pegando un grito** de dolor. Le dolía, pero no moriría, al menos no por algunas horas. Amelia se sentó y descansó el pie lastimado.

—Este es un jueguito que me gusta jugar con mi hermana —explicó—. Hace casi un año que lo hacemos. Nos quedamos fuera hasta tarde. Nos quedamos fuera hasta que alguien trata de hacer algo estúpido. Alguien como tú y el «predicador» este.

El pie comenzó a mejorarse, entonces se paró. **Recogió** una de las velas encendidas.

—Dejamos que los estúpidos traten de cogernos. Luego, cuando menos lo esperan, los matamos. Echó **cera derretida** de la vela sobre la barba de Alfredo. El conductor volvió a gritar.

—¡Nos engañaste! —dijo.

—Tú me engañaste primero —dijo la joven—. Te di todas las oportunidades de detenerte. ¿Quieres darme la misma oportunidad? ¿Quieres darme la oportunidad de detenerme?

Le apuntó a la cabeza con la pistola.

—Me queda una sola bala.

—¡Sí, sí! ¡Puedes detenerte! ¡No tienes que dispararme de nuevo!

—Bien —dijo Amelia, guardando la pistola en su monedero—. ¿Ves? Me has convencido. No te dispararé de nuevo.

Amelia acercó la vela a los pantalones del hombre. Los pantalones de Alfredo se **prendieron fuego**. Luego corrió rápidamente hacia el exterior de la vieja iglesia. Mientras salía, recogió el teléfono roto. Como era de suponer, Amelia tenía otro teléfono que funcionaba en su monedero.

Adela, la **gemela** de Amelia, detuvo el coche en el aparcamiento.

«¡*Justo a tiempo!*»

—Hola hermanita —dijo Adela mientras Amelia subía al coche—. Parece que esta noche has ganado.

Las gemelas idénticas se sentaron en el coche mientras la iglesia **ardía**.

—Gracias por jugar «la venganza de las gemelas» —dijo Amelia a los hombres muertos en la iglesia, sonriendo mientras su hermana conducía lejos del lugar.

Anexo al Capítulo 3

Resumen

El predicador y el conductor han atrapado a Amelia en la iglesia. La joven trata de convencerlos de que no la lastimen. Se entera de que le han hecho lo mismo a otras personas. Los hombres no la dejarán ir... entonces coge una pistola. Le dispara al predicador, luego a Alfredo. Alfredo se da cuenta de que Amelia les ha engañado. Amelia se marcha de la iglesia; su hermana la recoge con el coche.

Vocabulario

- **les suplicó** - she implored them
- **lo juro** - I swear
- **el pasatiempo** - hobby
- **el grito** - shout
- **el poder** - power
- **herir** - to hurt
- **perder** - to lose
- **asegurarse** - to make sure
- **para asustarte** - to scare you
- **se chocó contra (algo)** - he ran into (sth)
- **pegando un grito** - yelling
- **recogió** - she picked up
- **la cera derretida** - melted wax
- **prendieron fuego** - they caught fire
- **la gemela** - twin
- **ardía** - it burned

Preguntas de selección múltiple
Selecciona una respuesta para cada pregunta

11. ¿Qué guarda el predicador en el bolsillo?
    a. Un reloj
    b. Un emparedado
    c. Patatas fritas
    d. Un teléfono

12. Al predicador le gusta la voz de Amelia. ¿Qué le gusta a Alfredo de la joven?
    a. Los zapatos
    b. El monedero
    c. Los gritos
    d. La actitud

13. ¿Por qué Amelia sigue hablando?
    a. Para que piensen sobre lo que están haciendo
    b. Para que se aburran
    c. Porque está esperando a la policía
    d. Ninguna de las anteriores

14. ¿Cuántas veces dispara Amelia en total?
    a. 3. 2 a Darío, 1 a Alfredo
    b. 4. 2 a Darío, 2 a Alfredo
    c. 5. 3 a Darío, 2 a Alfredo
    d. 6. 3 a Darío, 3 a Alfredo

15. ¿Cómo sabía Adela adónde ir?
    a. Amelia le dijo cuando la llamó
    b. La policía le dijo
    c. Conocía la iglesia desde antes
    d. Amelia tenía un segundo teléfono en su monedero

11. b
12. c
13. a
14. c
15. d

7. Problemas del Corazón

Capítulo 1

—No puedo salir contigo—dijo Diana al teléfono. Vivía en Madrid pero estaba en Barcelona pasando el verano. Estaba de vacaciones de la universidad. Le encantaban las vacaciones largas de verano, pero **extrañaba a** su amigo Dani. Dani se había ido a Valencia a tomar unos cursos de verano.

Diana sabía que su amigo se sentía **atraído** hacia ella. Hacía mucho que se sentía atraído, pero nunca había tenido el coraje de invitarla a salir hasta ahora, por teléfono.

—¡Sí, sí puedes salir conmigo! —dijo.

Diana enroscaba el cabello largo y negro alrededor de un dedo. **Estaba acostada** sobre la cama de su dormitorio. Estaba tratando de inventar una excusa.

—¡Mis padres me matarían si saliese contigo!

—¿Por qué?

Dani estaba en Valencia, a varias horas en coche. Estaba al aire libre, sentado en un parque. Había conocido a los padres de Diana. Sabía que **no les caía bien**.

Tenía muchos tatuajes y aretes. Lucía el cabello rubio en **crestas** y se vestía de manera diferente. La familia de Diana era muy conservadora. No les gustaba lo «diferente».

Entonces, Dani **sabía el por qué**. No necesitaba escuchar la respuesta de Diana. En cambio, preguntó: —¿Tienes que decirle a tus padres?

—Por supuesto que tengo que decirles, no guardo secretos...

—Pero eres una mujer adulta.

—Mira... eres un buen tipo, Dani... —dijo Diana, pero no terminó la oración.

—¡Lo soy! —dijo Dani, interrumpiéndola—. Tienes razón: soy un buen tipo. ¡Soy un tipo fantástico! Si tus padres me conocieran mejor, me querrían. ¡**Me adorarían**!

—Estoy segura de que con el tiempo les agradarías. Tal vez no te «querrían» o «adorarían». Pero sí, seguro que pensarían que eres un buen tipo y podrías ser mi novio.

—O no les digas nada. Lo siento, Diana, pero me parece que eres muy **chapada a la antigua**...

—¿Y cuál es el problema? No puedo mentirles a mi mamá y a mi papá —dijo Diana, levantándose de la cama—. No lo haré.

—¿Por qué hablas de mentir? Simplemente, no les digas nada —respondió Dani. Observaba a una mujer que pasaba corriendo con un perro—. Eso no es mentir.

—Sí lo es —dijo Diana—. Es una mentira por omisión.

—Ah, ahora estás usando palabras difíciles. «Omisión». Si no dices nada, si no me mencionas cuando hablas con ellos...

—... Entonces estaría omitiendo los **hechos** —dijo Diana con tono serio. Pero solamente estaba bromeando. El tono serio no era verdadero—. De todos modos, omisión no es una palabra difícil.

—Me va mal en la clase de español —confesó Dani. El español era su segundo idioma. Todavía estaba aprendiendo—. Entonces, para mí sí es una palabra difícil.

—Si es así, **hasta aquí llegamos** —dijo Diana, en tono de broma—. No puedo salir con alguien que tenga un vocabulario pequeño.

—Ah, ¿pero si tuviese un vocabulario grande saldrías conmigo?

Diana se rió.

—Tú ganas. Sí, quiero decir... me gustas. Ya, lo dije. ¿Vale?

—Dijiste que te gusto —respondió Dani. Había estado sentado en un banco del parque, ahora se puso de pie—. Genial. Pero **a mí no me sirve**.

—¿Qué quieres decir? —no esperaba esa respuesta de Dani.

—Piénsalo —dijo él—. ¡Que me lo digas lo hace peor! Ahora sé que te gusto, ¿pero entonces por qué no podemos salir? ¡Me siento frustrado!

—Déjame que termine —dijo Diana. Se puso de pie y se alejó de la cama. Caminaba alrededor de la habitación—. Estoy bromeando, Dani. Cuando termines con tus clases y regreses a Madrid, podemos salir. Pero tengo que decírselo a mis padres.

Eran excelentes noticias para Dani. Terminaría sus clases el mes siguiente, pero todavía se preguntaba por qué ella tenía que hablar con sus padres. Para él era muy raro.

—¿Para qué los necesitas? ¿Necesitas que te den permiso?

—No, no necesito su permiso —explicó Diana—. Pero así es nuestra cultura, sabes que mi familia no es europea. En el país de donde venimos tenemos tradiciones diferentes.

—Lo sé. Mi familia es igual.

—Sí, venimos de otro país. Y allí respetamos a nuestros padres. Incluimos a nuestros padres en nuestra **vida diaria**.

—No es justo que digas eso. ¡Yo también respeto a mis padres!

—¿De veras? ¿Los incluyes en tu vida diaria, Dani?

—Bueno... —dijo Dani, pensando. En realidad no los veía **muy seguido**. Vivía lejos de su casa y no los visitaba con mucha frecuencia. Y no les pedía que opinen sobre su vida, pero Dani no quería decirle eso a Diana—. Trato de llamarlos todas las semanas.

—No es lo mismo, pero no importa. ¿Cuándo terminarás con el curso de verano en la universidad?

—El mes que viene. Es un curso corto. Solamente lo estoy haciendo para mejorar las **notas** del trimestre anterior. No me fue bien en clase.

—Sí, me enteré. Suspendiste dos **asignaturas** —dijo Diana—. Pero sé que eres muy inteligente. ¡Puedes mejorar!

—Gracias —dijo Dani—. Estudio mucho. De hecho, mis profesores me han dicho que soy un buen estudiante, pero todas las clases son en español. Por eso a veces tengo problemas.

Diana asintió. Lo comprendía por completo. También había tenido problemas el año anterior en la universidad, luego contrató a un tutor profesional. El tutor la ayudó mucho.

—Cuando regreses, te ayudaré a estudiar español —dijo—. Te enseñaré todo lo que me enseñó mi tutor.

—¿De veras? ¡Eso me ayudaría muchísimo! —dijo Dani—. Pero antes necesito hacer algo.

—¿Qué cosa?

—Antes de que seas mi tutora —dijo sonriendo—, necesito pedirle permiso a mis padres.

—Qué gracioso —dijo Diana—. Y solamente por eso, ¡seré una tutora muy estricta!

Anexo al Capítulo 1

Resumen

Diana vive en Madrid. Su amigo Dani se ha ido a Valencia. Está haciendo un curso de la universidad en el verano. La llama porque quiere salir con ella. Diana le dice que necesitará hablar con sus padres. Dani piensa que Diana es muy chapada a la antigua, pero Diana accede a salir con Dani cuando regrese. También le ofrece ayuda con el español.

Vocabulario

- **extrañaba a (alguien)** - she missed (sb)
- **atraído** - attracted
- **estaba acostada** - she was lying down
- **no les caía bien** - they didn't like him
- **la cresta** - mohawk
- **sabía el por qué** - he knew the reason
- **me adorarían** - they would adore me
- **chapado/a a la antigua** - old-fashioned
- **el hecho** - fact
- **hasta aquí llegamos** - here we go
- **a mí no me sirve** - it's no use for me
- **la vida diaria** - everyday life
- **muy seguido** - very often
- **la nota** - grade
- **la asignatura** - subject

Preguntas de selección múltiple
Selecciona una respuesta para cada pregunta

1. ¿A qué distancia está Diana de Dani en coche?
   a. A dos horas
   b. A varias horas
   c. A veinticuatro horas
   d. A un día de distancia

2. ¿Por qué motivo dice Dani que suspendió dos asignaturas?
   a. Las clases eran en español
   b. Las clases eran en alemán
   c. Las clases eran de ciencia y tecnología
   d. Las clases eran aburridas

3. ¿Por qué Diana insiste en contarle a sus padres acerca de Dani?
   a. Necesita su permiso
   b. Todavía no le permiten salir con un chico
   c. Quiere que ellos le den dinero
   d. Le gusta incluirlos en su vida

4. Dani piensa que no le agrada a los padres de Diana. ¿Por qué?
   a. Porque tienen una religión diferente
   b. Porque su origen étnico es diferente
   c. Porque son conservadores y Dani luce demasiado «diferente».
   d. Porque es conservador y los padres de Diana lucen demasiado «diferentes».

5. Diana accede a salir con Dani cuando:
   a. Cumpla 21 años
   b. Le pida matrimonio

c. Regrese de Valencia
d. Se peine el cabello de diferente manera

Respuestas al Capítulo 1

1. b
2. a
3. d
4. c
5. c

Capítulo 2

A Catalina le encantaba hablar por teléfono. Disfrutaba hablar con sus amigas... ¡especialmente **acerca de** los novios! Era un día lluvioso y estaba aburrida. Decidió llamar a su vieja amiga Diana. Había oído un rumor y quería saber la verdad.

—Entonces, Diana —dijo—. ¿Sabías que Juan está en Valencia ahora?

—¿De veras? —dijo Diana—. ¡Recuerdo a tu novio, Juan! Es guapísimo. **Bien parecido**. ¿Qué está haciendo en Valencia?

—Está tomando un curso de verano. ¿**A que no sabes** dónde?

—Tienes razón —dijo Diana,— ¡no sé!

Odiaba tener que **adivinar**. Además, estaba apurada. Era casi la hora de comenzar a trabajar. Estaba poniendo la ropa sobre la cama. No estaba prestando mucha atención.

—Valencia es una región grande. No tengo idea dónde podría estar Juan.

—¡Juan está en la misma universidad que Dani!

—Ah, qué interesante —dijo Diana. No sabía por qué Catalina le estaba contando esto—. Seguro que Juan y Dani están contentos de estar juntos. ¿Se conocen muy bien?

Catalina sonrió.

—Se conocen poco. Se están haciendo amigos. De hecho, últimamente han estado hablando mucho. Entonces, Diana, ¡Dani le contó a Juan que vosotros estáis saliendo!

«*Ah, es por eso que me llama*», pensó Diana.

—Bueno... yo no diría que estamos saliendo. Pero le dije que podríamos. Cuando regrese a Madrid.

—Venga, no seas tímida. Soy tu amiga. Cuéntamelo todo. Tú sabes que yo salía con Dani antes. Salimos hace dos años **cuando recién comenzábamos** la universidad.

—Lo recuerdo —dijo Diana. Lo recordaba, pero no muy bien. Catalina salía con muchos chicos.

—Entonces, ¿de veras pensabas que no me iba a **enterar** de este secreto?

Diana se estaba preparando para ir a trabajar. Miró la hora. Solamente le quedaban veinte minutos para vestirse y llegar al trabajo. No tenía mucho tiempo para hablar.

—No tengo mucho para contarte, Catalina. Y estoy apurada.

—Entonces cuéntame solo lo principal.

—Vale, de acuerdo. ¡Eres muy perseverante! Dani me pidió que salga con él, pero no lo hizo cuando estaba aquí. ¡Recién me lo dijo cuando estaba en Valencia!

—Hombres. No saben elegir **el momento oportuno**, ¿no? Recuerdo que Dani siempre llegaba tarde para todo.

Diana quería cambiar de tema. No quería pensar en Dani y Catalina como una pareja.

—¿Qué tal tú y Juan? ¡Juan es tan agradable! Salisteis durante mucho tiempo. ¿Seguís siendo novios?

—La verdad es que no —dijo Catalina. Todavía no se lo había dicho a nadie—. De hecho, rompimos la relación antes de que se marchara a Valencia.

—¡Ah, no sabía! No me lo habías dicho. Lo siento. Entonces, ¿ya no lo ves?

—Rompimos pero nos llevamos bien. Todavia somos amigos. Pero... no sé cómo decirlo. Juan no era un buen novio.

Diana sabía que su amiga era muy **quisquillosa** con sus novios. Por eso había tenido tantos. Generalmente, Catalina salía con una persona solo algunas veces, pero con

Juan había salido varios meses. Todos pensaban que formaban una buena pareja. De hecho, Diana pensaba que estaban verdaderamente enamorados.

Se sorprendió al escuchar un comentario negativo sobre Juan.

—¿No es un buen novio? ¿Por qué? ¿Qué hizo?

Otra vez miró la hora. Se estaba quedando sin tiempo, pero quería escuchar la respuesta, así que puso el teléfono en **altavoz**. De este modo, podía vestirse mientras hablaba y escuchaba.

Catalina dijo: —Para comenzar... a Juan le gusta coquetear con otras mujeres.

—No, ¿en serio? ¿Te... te engañaba?

—No, no lo creo. No. Estoy segura de que no estaba saliendo con nadie más, pero no me gusta que mis novios ni siquiera miren a otra mujer.

Diana se encogió de hombros.

—¡**Son cosas de hombres**! Mirar no es tocar. Es decir, mirar no significa nada. ¿Nunca miraste a otro hombre?

—Tal vez, pero Juan no miraba solamente, también les hablaba. Coqueteaba con ellas.

—¿Dónde?

—¿Qué?

—¿Dónde hablaba con otras mujeres? —preguntó Diana.

—En el club.

—¿En el club donde trabaja?

—Sí, todavía trabaja en Zara, el club de mi mamá. Es barman. Les sirve bebidas a chicas guapas toda la noche.

Diana se rio, luego se cubrió la boca.

—¿Qué es tan gracioso? —preguntó Catalina. Se estaba comenzando a **enojar**.

—Lo siento. ¿No fuiste tú quien le consiguió ese trabajo?

Catalina no quería que se lo recordaran.

—Sí, le conseguí el trabajo. Si pudiese volver atrás en el tiempo, no lo haría.

—Bueno, Catalina, debes **ser justa**. Si Juan es barman, su trabajo consiste en hablar con los clientes.

—Tal vez tengas razón.

—¿Tal vez? ¡Venga, sé razonable! No estás siendo justa. Quiero decir, si Juan habla con las mujeres en el club...

—Coquetea con ellas. No habla solamente. ¡Hay una gran diferencia! ¡No seas inocente!

—No soy inocente. Tú eres demasiado quisquillosa. Tal vez solo habla para conseguir propinas. Tú sabes, si es especialmente agradable le dan más dinero. No tienes ningún motivo para ponerte **celosa**. Solo les habla para ser simpático.

—No necesita ser *tan* agradable. Además, no te gustaría si Dani actuase de ese modo. Estarías celosa, ¿no?

—No. No sé si me importaría. Por el momento, no importa. Todavía no estoy saliendo con Dani.

—Hum, es cierto. Estás soltera. **Si te vas a poner del lado de Juan**, ¡sal tú con él! ¡Y yo me quedo con Dani!

—¿Qué? ¿Estás loca? —preguntó Diana. No tenía más tiempo—. Oye, debo irme a trabajar. Sé que estás bromeando, pero no es gracioso.

—Dijiste que no te pones celosa. ¿Cuál es el problema? —preguntó Catalina.

Diana suspiró. Cogió algo para comer de la cocina. Tendría que comer en el trabajo.

—Podemos hablarlo más tarde. No tengo tiempo para discutir.

Colgó el teléfono sin decirle adiós a su amiga.

Anexo al Capítulo 2

Resumen

Catalina llama a su amiga Diana. Había oído que Dani le había pedido a Diana que tuvieran una cita. Hablan sobre novios. Catalina dice que rompió con su novio anterior, Juan. Dice que Juan estaba coqueteando con otras mujeres. Diana defiende a Juan y dice que Catalina es demasiado quisquillosa. Discuten un poco, pero Diana debe irse a trabajar. Catalina ofrece salir con Dani y dejar a Diana que salga con Juan.

Vocabulario

- **acerca de** - about
- **bien parecido** - good-looking
- **a que no sabes** - I bet you don't know
- **adivinar** - guess
- **cuando recién comenzábamos** - when we have just started
- **enterar(se)** - to find out
- **el momento oportuno** - the right moment
- **quisquilloso/a** - fussy
- **el altavoz** - loudspeaker
- **son cosas de hombres** - that's typical of men
- **enojar(se)** - to get angry
- **ser justo/a** - to be fair
- **celoso/a** – jealous
- **si te vas a poner del lado de Juan** – if you're going to take Juan's side

Preguntas de selección múltiple
Selecciona una respuesta para cada pregunta

6. ¿Por qué estaba aburrida Catalina?
    a. Porque no tenía que trabajar
    b. Porque estaba lloviendo
    c. Porque había un corte de electricidad
    d. Porque había roto con su novio

7. ¿Quién le dijo a Catalina que Dani le había pedido a Diana que tuvieran una cita?
    a. Se lo dijo Juan
    b. Se lo dijo Zara
    c. Se lo dijo Dani
    d. Ninguna de las anteriores

8. ¿Por qué Catalina sale con muchos chicos?
    a. Porque se aburre
    b. Porque es quisquillosa
    c. Porque le gusta salir con gente diferente
    d. Porque está buscando marido

9. ¿Por qué Diana piensa que Catalina es celosa?
    a. Porque Catalina piensa que todos los hombres engañan a las mujeres
    b. Porque Catalina piensa que Juan la engañaba
    c. Porque Catalina piensa que Juan coqueteaba con mujeres
    d. Porque a Diana ya no le cae bien Catalina

10. ¿Qué sugiere Catalina al final del capítulo?
    a. Piensa que Diana y Dani deberían romper
    b. Piensa que debería reconciliarse con Juan
    c. Piensa que Diana ya no debería salir con nadie
    d. Piensa que Diana debería salir con Juan

6. b
7. a
8. b
9. c
10. d

Capítulo 3

Dani estaba muy entusiasmado. Ya casi terminaba los cursos de verano. Le iba muy bien en los cursos. Obtendría buenas calificaciones.

*«Las buenas calificaciones me ayudarán a mejorar mi **promedio**»*, pensó. *«Cuando vuelva a la universidad en Madrid, quizás pueda obtener una **beca**».*

Estaba contento porque pronto se marcharía de Valencia. En dos semanas, estaría en casa. Podría volver a ver a Diana. Diana le había prometido que tendría una **cita** con él a su regreso.

Hacía mucho que se conocían, pero nunca había juntado coraje para invitarla a salir. Había sido más fácil hacerlo por teléfono. Era más fácil preguntar cuando no estaba allí.

En cierto modo, no parecía real. Salir con Diana había sido su sueño...

«¡Pronto ese sueño se hará realidad!», pensó.

Sonó el teléfono. Era su amigo Juan. Hacía mucho que conocía a Juan, pero nunca habían sido amigos íntimos. Ahora tomaban el mismo curso de verano. Ahora se estaban haciendo amigos. A veces, compartían el **almuerzo**. Por las noches, les gustaba mirar películas juntos cuando terminaban de estudiar.

Pero a Dani siempre le parecía que Juan estaba un poco triste. Había algo que **le molestaba** a Juan. Y ahora, Dani sabía qué era lo que le molestaba.

—Hola, Juan —dijo, contestando el teléfono.

—¡Dani! Oye, necesito hablar contigo.

—Qué coincidencia. Yo quería hablar contigo.

—Ah —dijo Juan, sorprendido—. Bueno, tú primero. ¿Qué pasa?

—Diana me dijo que ya no estás saliendo con Catalina.

Juan se sorprendió de nuevo. Catalina y él no habían anunciado su **ruptura**.

—Es verdad —respondió Juan—. No quería decir nada. Tenía la esperanza de reconciliarme con Catalina.

—De eso te quería hablar —dijo Dani—. Yo había notado que algo te molestaba, pero no sabía qué era. Estaba preocupado por ti.

—Gracias, chaval, pero estoy bien. De veras.

—¿Estás seguro? —preguntó Dani—. ¿Quieres hablar de lo que sucedió?

—Ya sabes cómo son las mujeres —dijo Juan—. Se rio, aunque no le parecía nada gracioso. Todavía era amigo de Catalina, pero se sentía **lastimado**. Le parecía que no había sido justa con él—. Catalina pensó que yo coqueteaba con otras mujeres. Me acusó de tratar de conseguir una nueva novia.

—¿De veras? **No hace mucho que te conozco** —dijo Dan—. Quiero decir que no te conocía muy bien, pero ahora sí te conozco. Eres un buen tipo. ¡No suena como algo que tú harías!

—No es algo que yo haría —contestó Juan. Estaba contento de tener alguien con quien hablar—. ¡Jamás lo hice! Pero Catalina piensa que sí. No puedo hacerle cambiar de opinión. Ella piensa que yo **coqueteaba** con mis clientas.

—¿Pero no lo hacías?

—Un *poco*, pero eso no era coquetear, solamente era ser especialmente **agradable**. ¿Sabes a lo que me refiero? Era totalmente inocente.

—¿Qué quieres decir? —preguntó Dani.

—Solamente lo hacía para tener mejores propinas —dijo Juan—. Eso es lo que haces en este tipo de trabajo. No te pagan mucho, ¡entonces tienes que conseguir propinas!

Daniel asintió con la cabeza.

—Comprendo. Yo trabajaba de **camarero** en un restorán. Me pagaban muy poco, pero yo era muy agradable. Los clientes me querían, entonces tenía mejores propinas que los demás.

—Exacto, ¡así es! —dijo Juan—. Es sencillo. ¿Por qué Catalina no lo comprende? Oye, tal vez podrías hablar con ella.

Dani lo pensó.

—No creo que sea una buena idea, Juan.

— ¿Por qué no?

—Tengo que contarte algo. No es muy importante, pero deberías saberlo. Catalina y yo salimos durante un tiempo. No fue muy largo, y fue hace mucho.

—Sí, lo sé —dijo Juan—. ¿Cuál es el problema?

—Bueno... Catalina es genial —dijo Dani—. Es **fenomenal**. Te seré honesto, me gustaba mucho en ese entonces, pero la verdad es que también estaba celosa de mí.

—¿Qué? ¿Pensaba que estabas coqueteando con otras mujeres? —Juan no lo podía creer. No era el primer tipo que tenía este problema.

—Exacto. Me parece que estás teniendo el mismo problema que yo tuve.

Juan estaba contento de poder hablar sobre lo que le pasaba. Se sentía **aliviado**. No había dicho nada sobre lo que sentía... pero ahora, ¡estaba hablando!

Pero Juan se había olvidado de algo: ¡él también quería preguntarle algo a Dani!

—Dani, tengo una pregunta. Comencé a hablar sobre mis problemas y me olvidé de preguntarte.

—Está bien. ¿Qué pasa?

—Es **acerca de** Diana. ¿Dijiste que tendríais una cita?

—Sí. Hace mucho que quiero salir con ella, pero **nunca me animaba**. Nunca la invité a salir, pero, ¡finalmente lo hice!

—¿Y ella dijo que sí?

Dani hizo una pausa. ¿Por qué de repente Juan le estaba haciendo preguntas acerca de Diana?

—Sí. Quería hablar con sus padres primero. Eso es lo que dijo. Pero...

—¿Por qué quiere hablar con los padres?

—No sé. Dijo que le gusta que sean parte de su vida.

—¿Y eso no te parece **raro**?

—No. Tal vez un poco. ¿Por qué me lo preguntas, Juan?

—Por curiosidad —dijo Juan—. Porque Diana es...

—¿Diana es qué?

—Sabes que algunas veces viene a Zara. El bar donde trabajo, ¿te lo ha dicho?

Diana no se lo había contado, pero a Dani eso no le importaba. Mucha gente va a los clubes nocturnos.

—¿Por qué tendría que saberlo?

—Porque es una de mis clientas. Necesito decirte algo, Dani. Me parece que Diana es muy guapa. A veces, cuando viene al club, hablo con ella. Estaba pensando invitarla a salir.

—¿Qué? —preguntó Dani. ¡No lo podía creer!— ¿Me lo dices en serio?

—Oye, no lo haré. No la invitaré a salir si te dijo que sí a ti, pero quería **asegurarme**. No tengo novia. Catalina rompió conmigo, entonces, tú sabes... pensé en tener una cita con Diana.

—Lo siento, chaval. ¡Yo hablé primero! ¡Vas a tener que reconciliarte con Catalina!

Anexo al Capítulo 3

Resumen

Dani y Juan se han hecho amigos. Juan lo llama a Dani para hablar. Dani ha estado preocupado por Juan y se entera de que Juan ha roto con su novia. Juan le dice que Catalina pensaba que había estado coqueteando con otras mujeres. Luego Juan le cuenta que había pensado en invitar a Diana a salir, pero cambió de opinión cuando se enteró de que Dani ya había invitado a Diana.

Vocabulario

- **el promedio** - average
- **la beca** - scholarship
- **la cita** - date
- **el almuerzo** - lunch
- **le molestaba** - it bothered him
- **la ruptura** - breakdown
- **lastimado/a** - hurt
- **no hace mucho que te conozco** - I haven't known you very long
- **coquetear** – to flirt
- **agradable** - pleasant
- **el camarero** - waiter
- **fenomenal** - incredible
- **aliviado/a** - relieved
- **acerca de** - about
- **nunca me animaba** - I never dared
- **raro/a** - strange
- **asegurarme** - to make sure

183

Preguntas de selección múltiple

Selecciona una respuesta para cada pregunta

11. ¿Por qué Dani necesita buenas calificaciones?
    a. Quiere una beca para la universidad
    b. Sus padres están enojados
    c. La universidad está a punto de expulsarlo
    d. Para hacer feliz a Diana

12. ¿Qué es lo que Dani había notado sobre Juan?
    a. A Juan le gusta coquetear
    b. A Juan le gusta comer mucho
    c. Juan parece triste
    d. Juan tiene buenas calificaciones

13. ¿Por qué Juan es especialmente agradable con las clientas?
    a. Porque quiere salir con ellas
    b. Porque quiere propinas
    c. Porque es parte de su trabajo
    d. Porque es una persona muy amigable

14. Dani comprende el motivo que tiene Juan para ser especialmente agradable con los clientes. ¿Por qué?
    a. Porque Dani lo ha visto trabajar a Juan
    b. Porque Dani es amigo de Juan
    c. Porque Dani trabajaba como camarero y también tenía propinas
    d. Porque Dani trabajaba como barman y también tenía propinas

15. Según Juan, ¿quién es una de las clientas en el club nocturno?
    a. Catalina
    b. Zara

c. Los padres de Diana
d. Diana

11. a
12. c
13. b
14. c
15. d

8. Competencia monstruosa

Capítulo 1

—¿Tu trabajo te aburre? —preguntó la criatura verde y **peluda** de la televisión.

—No —dijo Lisandro, el Hombre **Lobo**, hablando con la tele. Terminó su bebida y aplastó la lata que tenía en la mano.

—¿Te cansas de asustar a la gente todo el día? —continuó el comercial—. ¿Te gustaría probar algo nuevo? ¿Qué te parecería un trabajo donde pudieras ser amable con la gente?

—No, gracias —dijo Lisandro, cambiando el canal—. ¿Cuál es el sentido de ser un monstruo —preguntó—, si no puedes asustar a la gente? Y a veces, cómertelos.

Nunca le habían gustado los comerciales. Prefería mirar **patinaje sobre hielo** que ver comerciales. Por supuesto, la mayoría de los hombres lobos no tenían mucha paciencia. Tiró la lata aplastada en el bote de la basura.

—¡Estoy de acuerdo! —dijo una voz sin cuerpo.

—¿Quién dijo eso? —preguntó Lisandro. La habitación estaba muy oscura, excepto por la luz de la televisión. No veía a nadie, entonces **olfateó** el aire. Reconoció el aroma de inmediato—. Ah, eres tú. No sabía que venías esta noche.

El doctor Gómez, el «Hombre Invisible» asintió con la cabeza, pero Lisandro no podía verlo. El Hombre Lobo podía oler a los humanos, por supuesto. Los hombres lobo tienen muy buen olfato, y los humanos tienen muy mal olor.

—Nunca te puedo engañar— dijo Gómez riéndose. Estaba feliz. Se sentó en una silla vacía y cogió un periódico. El Hombre Lobo solamente podía ver un par de pantalones cortos y un periódico. Al Hombre Invisible no le gustaba usar mucha ropa. Prefería pasar **desapercibido** y que nadie lo viese.

Estaban en la nueva mansión del conde Drácula en Virginia. Era muy grande y muy cara. Estaba rodeada por un pequeño bosque. En Virginia había muchos bosques y colinas. Era un buen lugar para que los monstruos vivieran y **cazaran**.

Estaban esperando a que Drácula regresara a casa. Era su jefe y esta noche era el **encuentro mensual**. Todos tenían que venir. La asistencia era obligatoria para todos los monstruos «clásicos», aun si tenían que viajar desde muy lejos.

—De todos modos, estoy de acuerdo contigo, Lisandro —dijo Gómez—. Si eres un monstruo, por supuesto que debes asustar a la gente.

Dio vuelta a la página de su periódico, pero estaba mirando al Hombre Lobo en secreto.

Lisandro frunció el ceño y mostró sus dientes afilados.

—Pero tú no eres un monstruo de veras —dijo—. Solamente eres un humano que nadie puede ver. Eso no te convierte en monstruo.

—Creo que eso depende de tu definición de «monstruo».

—Pues bien, de acuerdo con mi definición, no eres un monstruo. ¿Dónde está la criatura de Frankenstein? Mira a ese tipo grande y **feo**. ¡Eso sí es un monstruo!

—Silencio —dijo Gómez—. Baja la voz. ¡Creo que está en la casa!

—¿Y qué? No escucha nada.

188

—En eso sí que estoy de acuerdo contigo. El viejo Franky es uno de los monstruos más horribles del mundo —respondió el Hombre Invisible—. Yo no me puedo comparar con él. Él es mucho más horrible y da mucho más miedo que yo.

—Tú no das miedo **para nada** —interrumpió el Hombre Lobo.

—Pero —dijo Gómez, ignorando el insulto—, ¡la criatura de Frankenstein es tan estúpida! Nunca podría ser un líder. ¿Sabes a lo que me refiero? No tiene mucho potencial.

—No lo conoces muy bien. Es más inteligente de lo que parece. Además, nadie dijo que debes ser inteligente para ser un monstruo.

—Eso lo sé —dijo Gómez—. Pero para tener un verdadero impacto sobre el mundo, debes ser inteligente—. Mírame a mí que soy médico.

—¡Ah, un médico! Qué importante. Supongo que si quieres ser jefe, tienes que ser inteligente —dijo Lisandro—. Pero la mayoría de nosotros no estamos interesados en el poder. De hecho, muchos de nosotros estamos felices escondidos. No necesitamos mucha atención. No necesitamos ser «importantes». Asustamos a alguna persona **al azar** una vez al mes, o nos comemos a alguien de vez en cuando, pero no tenemos **ansias de poder**. Eso es algo que ya deberías saber a estas alturas.

—Creo que ese es el problema —dijo Gómez—. Necesitamos organizarnos mejor. Necesitamos ser más inteligentes, y entonces, ¡podríamos dominar el mundo!

El Hombre Lobo **bostezó**. El Hombre Invisible no estaba prestando atención. Siempre hablaban sobre las mismas cosas y Lisandro ya había escuchado este **discurso** antes. El Hombre Invisible solamente estaba interesado en dominar el mundo. Era su obsesión.

Lisandro caminó hacia la cocina para hacer **palomitas** en el microondas.

—Si quieres dominar el planeta, ¡adelante! —gritó desde la cocina—. ¡Nadie te detiene!

—No puedo hacerlo solo. Necesito a los otros monstruos. ¡Debemos trabajar juntos en equipo!

—A la mayoría de los otros monstruos no les interesa ese tema —dijo Lisandro. Unos minutos más tarde, regresó a la sala de estar. Llevaba un cuenco con palomitas.

El Hombre Lobo volvió a cambiar el canal. No había nada bueno para ver. Apagó la televisión y se puso de pie. Al apagar la televisión, la habitación quedó completamente oscura.

—Oye, está demasiado oscuro —se quejó Gómez—. ¡No puedo ver en la oscuridad!

—Yo sí —dijo Lisandro. Caminó hacia atrás de la silla del Hombre Invisible. Cogió el periódico y **lo hizo pedazos**.

—¡Oye! —gritó Gómez.

—Entonces —dijo el Hombre Lobo—, ahora sabes lo que se siente cuando no puedes ver a alguien. Es molesto, ¿no?

—No puedo **evitar** ser invisible —dijo Gómez—. ¡Yo no pedí ser así!

—¡Sí que lo hiciste! ¡Hiciste la poción que te convirtió en invisible!

—Bueno... —dijo Gómez tropezándose con una mesa pequeña—. ¡Enciende la luz, por favor!

Afuera, en la oscuridad, se oyó el aullido de un perro. Se abrió una puerta y una brisa corrió en la habitación. Drácula entró sin hacer ningún sonido.

—Buenas noches —dijo. Encendió un **interruptor** con un dedo largo—. ¿De qué estáis hablando los dos?

—Estamos diciendo que los monstruos son tontos — dijo el Hombre Invisible.

—Comprendo —dijo Drácula—. Espero que no os refirieseis a mí.

El viejo vampiro miró directamente a Gómez.

Anexo al Capítulo 1

Resumen

Es la hora del encuentro mensual de monstruos. Lisandro, el Hombre Lobo y Gómez, el Hombre Invisible, están en la mansión de Virginia de Drácula. Discuten sobre la estupidez de los monstruos. Gómez piensa que los monstruos deberían dominar el mundo. Drácula regresa y quiere saber de qué estaban hablando.

Vocabulario

- **peludo/a** - hairy
- **el lobo** - wolf
- **el patinaje sobre hielo** - ice-skating
- **olfateó** - he sniffed
- **desapercibido** - unnoticed
- **cazar** - to hunt
- **el encuentro mensual** - monthly meeting
- **dio vuelta** - he turned
- **feo** - ugly
- **para nada** - at all
- **al azar** - at random
- **la ansia de poder** - craving for power
- **bostezó** - yawned
- **el discurso** - speech
- **las palomitas** - popcorn
- **lo hizo pedazos** - he tore it up
- **evitar** - to prevent
- **el interruptor** – switch

Preguntas de selección múltiple
Selecciona una respuesta para cada pregunta

1. ¿Qué ropa tiene Gómez?
     a. Nada
     b. Un traje
     c. Pantalones cortos
     d. Pijamas

2. ¿Cómo sabe Lisandro que el otro monstruo es Gómez?
     a. Reconoce el olor
     b. Lo puede ver en la oscuridad
     c. Puede ver a la gente invisible
     d. Reconoce su voz

3. ¿Quién piensan que es el monstruo más horrible?
     a. Drácula
     b. El Hombre Lobo
     c. La Criatura del Pantano
     d. La criatura de Frankenstein

4. ¿Qué tiene de bonito la mansión de Drácula?
     a. Tiene una cocina grande
     b. Está rodeada por un pequeño bosque
     c. Tiene cinco baños
     d. Tiene una piscina

5. ¿Con qué está obsesionado Gómez?
     a. Las palomitas
     b. No usar ropa
     c. Dominar el mundo
     d. La televisión

Respuestas al Capítulo 1

1. c
2. a
3. d
4. b
5. c

Capítulo 2

De algún modo, Drácula siempre sabía dónde estaba el Hombre Invisible. Los vampiros tenían muchos poderes secretos. Como Drácula era el vampiro más viejo, tenía muchas habilidades. Nunca le decía a nadie todo lo que podía hacer. Le gustaba ser misterioso.

—No me refería a ti, jefe —dijo Gómez—. De hecho, Lisandro fue el que **sacó el tema**. Dijo que la mayoría de los monstruos eran estúpidos.

Drácula sonrió. Tenía labios de color rojo muy oscuro, que contrastaban con la palidez de su cara.

—Por supuesto que los monstruos son estúpidos, pero son más inteligentes que los humanos.

El Hombre Invisible sabía que era un insulto. Siempre sería humano, aunque los otros humanos no pudiesen verlo, pero era muy diferente de las otras personas. La mayor parte del tiempo se *sentía* como un monstruo **a pesar de** no serlo. Por eso quería trabajar con los monstruos. Necesitaba que hicieran lo que él quería...

—El señor Hyde es un tipo inteligente —dijo el Hombre Lobo mientras cogía su cuenco de palomitas—. Pero me parece que el monstruo **promedio** es un auténtico idiota. Realmente necesitamos un mejor sistema educativo, Drácula.

Nunca nadie le hablaba a Drácula de esa manera, excepto Lisandro. Los demás le tenían miedo al viejo vampiro. Y tenían razón en tenerle miedo, pero el vampiro y el Hombre Lobo eran amigos. A veces **hasta** salían a cazar juntos.

—No necesitamos monstruos más inteligentes. Tenemos algunos brillantes —afirmó Drácula—. El señor Hyde, tú, yo... **Con certeza**, yo soy el más brillante de todos.

—Claro que lo eres, jefe —dijo el Hombre Invisible. Hizo un gesto con el **pulgar** hacia arriba, pero nadie lo vio.

Pero Lisandro era muy poderoso y muy atrevido. **Desafió** al viejo vampiro.

—¿Estás seguro de que eres el más inteligente de todos nosotros? —preguntó.

—¿Quién es más brillante que yo? ¡Dime el nombre de un monstruo más inteligente que yo! ¡A que no puedes!

—Estoy pensando —dijo el Hombre Lobo, masticando un puñado de palomitas. Se lamió la sal de sus largas uñas—. ¿Qué te parece la tía esa con los vendajes?

—¿Qué tía con vendajes? —dijo el Hombre Invisible—. ¿Quieres decir la que está toda **envuelta**?

—Sí, está toda envuelta en vendajes...

Drácula se rio y el suelo tembló.

—¿Te refieres a la Momia? ¿Estás bromeando? ¡Es una auténtica idiota!

Los ojos del Hombre Lobo brillaban con un resplandor rojo intenso.

—La Momia es tonta ahora, pero no fue siempre así. ¡Antes de morir gobernaba Egipto! Era una persona inteligente en los viejos tiempos.

—Es solo un rumor —dijo Drácula poniendo los ojos en blanco—. Cualquiera puede decir «*Yo gobernaba Egipto*». **Diga lo que diga**, nunca ha podido probar nada.

Lisandro se rascó la espalda.

—¿Y por qué mentiría al respecto?

—¡Está loca! ¡El mes pasado dijo que había ganado la medalla de oro olímpica de natación!

El Hombre Invisible tosió.

—Lo recuerdo. —Trató de meter la mano a escondidas en el cuenco de palomitas, pero el Hombre Lobo se la cogió.

—No toques mis palomitas. ¡Prepárate tus propias palomitas!

De repente, otra persona entró en la habitación. En realidad, no era una persona, era la **Criatura del Pantano**.

—¡Es cierto! —dijo la Criatura del Pantano. Los otros monstruos no le entendían muy bien. No hablaba muy bien el español. Tenía la boca grande como un pescado, y no le gustaba estar fuera del agua. La mayor parte del tiempo vivía debajo del agua, pero esta noche había salido para el encuentro mensual de los monstruos.

—Es cierto —repitió la Criatura del Pantano—. ¡Hace miles de años la Momia era una faraona egipcia!

—Lo dudo —dijo Drácula—. Pero no importa. No era un monstruo **en esa época**. Eso es lo que estamos diciendo. La Momia se convirtió en un monstruo más adelante, después de que murió y regresó.

—¿Cómo lo hizo? —preguntó el Hombre Invisible—. Me gustaría regresar **de entre los muertos**.

—Déjame que te ayude —dijo Drácula acercándose.

—¡Espera! ¡No quiero regresar como vampiro!

—¿Prefieres volver como una momia sin cerebro?

—No... pero no quiero beber sangre.

—¿Alguna vez la has probado?

—¡No! **Qué asco**...

Drácula le dio «la mirada del mal».

—Quiero decir, ejem... Seguro que no está tan mal. Pero —le dijo Gómez a su jefe— alguna vez fuiste humano. ¿No, Conde Drácula?

—Todos los vampiros comenzamos como humanos, luego nos convertimos en vampiros.

—¿Para eso debéis morir?

—Es complicado, pero sí.

—¡Entonces eres como la Momia! —dijo el Hombre Invisible. Fue un error.

Drácula voló a través de la habitación y cogió a Gómez por su **cuello** invisible.

—¡No me compares con ella!

—Espera, espera... ¿Me vas a matar?

—Lo estoy pensando —dijo Drácula—. Probablemente.

—No me conviertas en vampiro. Quiero seguir siendo humano.

—¿Por qué? —preguntó Lisandro escupiendo un grano de palomitas—. ¡Siempre has dicho que quieres ser un monstruo!

—Quiero seguir siendo humano —repitió Gómez—. Porque no quiero **volverme estúpido**. No seré la persona más inteligente sobre la Tierra...

—¡Eres el más tonto! —dijo Drácula acercando sus dientes afilados a la cara de Gómez.

—... ¡pero aun el más tonto de los humanos es más inteligente que el más inteligente de los monstruos!

Drácula estaba tan enojado que lanzó a Gómez fuera de la habitación. Nadie vio al Hombre Invisible, pero vieron cómo se rompía la ventana. Drácula había lanzado a Gómez a través de la ventana. Había caído en un **arbusto** tupido en el exterior.

Gómez se puso de pie. Miró a través de la ventana.

—¡Estoy bien! ¡Y te desafío, Drácula, a una competición!

—No lo puedo creer —dijo el Hombre Lobo—. ¡Nunca desafíes al rey de los vampiros a pelear!

—¡Te haré pedazos! —gritó Drácula.

—No, no una pelea —dijo el Hombre Invisible—. Tú dices que eres el monstruo más inteligente. Dices que soy el humano más tonto. ¡Veremos si el humano más tonto es más inteligente que el monstruo más inteligente! ¡Ese es mi desafío!

Los otros monstruos miraron a su jefe. Drácula no tenía opción. Aceptó el desafío.

Anexo al Capítulo 2

Resumen

Gómez compara a Drácula con la Momia. A Drácula no le gusta la Momia, entonces se enoja y lanza a Gómez por la ventana. Gómez no está lastimado; se levanta y lo desafía a Drácula a una competencia. No quiere pelear, pero quiere ver quién es más inteligente: ¡un monstruo o un humano! Drácula acepta competir.

Vocabulario

- **de algún modo** - somehow
- **sacó el tema** - he raised the subject
- **a pesar de** - in spite of
- **promedio** - average
- **hasta** - even
- **con certeza** - certainly
- **el pulgar** - thumb
- **desafió** - he challenged
- **envuelto/a** - wrapped
- **diga lo que diga** - whatever she says
- **la Criatura del Pantano** - swamp monster
- **en esa época** - in those days
- **de entre los muertos** - from the dead
- **¡Qué asco!** - Yuck!
- **el cuello** - neck
- **volverme estúpido** - to become stupid
- **el arbusto** - bush

6. ¿Por qué Lisandro le puede decir lo que quiere a Drácula?
    a. Porque es más fuerte que Drácula
    b. Porque es amigo de Drácula
    c. Porque es más viejo que Drácula
    d. Porque es más inteligente que Drácula

7. ¿Qué país gobernaba la Momia?
    a. Virginia
    b. Transilvania
    c. Egipto
    d. Alemania

8. ¿Por qué Gómez no quiere que Drácula lo convierta en vampiro?
    a. No quiere beber sangre
    b. Tiene miedo de morir
    c. No le gustan los vampiros

9. ¿A cuál de estos monstruos no le gusta la Momia?
    a. La Criatura del Pantano
    b. Lisandro
    c. Gómez
    d. Drácula

10. ¿Por qué Gómez desafía a Drácula?
    a. Piensa que es más inteligente que Drácula
    b. Piensa que es más fuerte que Drácula
    c. Quiere que Drácula lo mate
    d. Quiere que Lisandro mate a Drácula

6. b
7. c
8. a
9. d
10. a

Capítulo 3

Gómez explicó las **reglas** de su desafío en el encuentro de los monstruos. Quería ser el próximo líder de los monstruos. ¡Esta era su gran oportunidad!

—¿Quién es el más poderoso de los monstruos? Sabemos que es el Conde Drácula, ¡nuestro líder! —dijo. Los demás estaban sentados en la sala de estar, escuchando. La criatura de Frankenstein había llegado finalmente, y había algunos zombis sentados en el piso como niños. También estaban la **Bruja** del este, el señor Hyde (que había volado desde Inglaterra) y la anciana Momia. La Momia estaba demasiado dura para sentarse, entonces se quedó de pié en una esquina. Se puso lejos de la chimenea.

—¿Y, quién es el más inteligente de los monstruos?

El Hombre Invisible esperó a que alguien diera una respuesta.

—Drácula —dijo Drácula—. Ya **no desperdicies** nuestro tiempo. ¿Qué quieres decir, doctor Gómez?

—Sí, tú eres el más inteligente —afirmó Gómez—. Drácula es el monstruo más inteligente. Y, ¿qué ha hecho por nosotros?

Los demás monstruos miraron a su alrededor. Drácula se cruzó de brazos, pero no dijo nada.

—¿Nadie va a decir nada? —preguntó Gómez—. Permitidme que os pregunte otra vez: si él es lo mejor que tenemos, ¿qué podemos decir que ha hecho por nosotros? ¡Nada! Después de tantos años, seguimos escondiéndonos en las sombras. Actuamos como si tuviésemos miedo de los humanos. ¡Nosotros deberíamos **estar a cargo** de ellos!

—Tenemos nuestro propio canal de televisión —dijo la Criatura del Pantano. Los demás asintieron con la cabeza.

—¡Es terrible! —dijo Gómez—. Lo único que pasa es repeticiones de programas viejos. ¡Nada importante!

—¿Qué quieres decir? —dijo Lisandro. Tenía curiosidad acerca del desafío.

—Vosotros me habéis permitido ser parte del equipo de los monstruos. Aunque sea humano. Me dejáis actuar como un monstruo. **Os lo agradezco.** Pero ahora, ¡dejadme ayudaros! Vosotros sois mis hermanos y mis hermanas. Puedo daros mucho más que lo que ha hecho Drácula. Él era humano hace muchos, muchos años, pero se ha olvidado de la **codicia** y la ambición humana. ¡Es vago!

Los ojos de Drácula resplandecían. Se mordió el labio. Realmente quería matar a Gómez, pero esperó. Él también quería saber qué era este desafío.

Gómez se dio cuenta de que los otros monstruos se estaban poniendo **inquietos**, entonces hizo su anuncio.

—Desafío a Drácula para ver quién es el líder de los monstruos. Esto es lo que necesito de vosotros: debéis construir dos **trampas.** Construid ambas trampas exactamente iguales. Deben ser idénticas. Solamente puede haber una manera de escaparse de las trampas. Yo no la conoceré, y él tampoco la conocerá. No nos digan cómo escapar.

—¿Eso es todo? —preguntó Lisandro—. Suena muy simple.

El Hombre Lobo miró alrededor de la habitación.

—¿Qué opináis todos? ¿Estáis de acuerdo con el plan?

A los monstruos les encantan las trampas. Algunos de ellos saben hacer trampas muy buenas. Se rieron y **gruñeron** y aplaudieron. Estuvieron de acuerdo con el plan del Hombre Invisible. Lisandro asintió con su cabeza peluda y le preguntó a su jefe: —¿Qué opinas, Conde Drácula?

—Soy más inteligente que este idiota —dijo señalando al Hombre Invisible—. Escaparé en segundos de cualquier trampa que construyáis. Pero no debéis usar **ajo** o cruces —dijo—. Eso no sería justo. A los humanos no les importan esas cosas, pero yo odio el ajo y, ¡realmente odio las cruces!

—Entonces estamos todos de acuerdo —indicó Gómez—. ¿Cuánto tiempo llevará construir las trampas?

*

Zara, la Bruja del este, llamó a sus amigas. Volaron a Virginia sobre sus escobas. Las brujas son muy buenas constructoras de trampas.

—¡Recordad, nada de magia! Tampoco ajos ni cruces —dijo Zara.

Construyeron dos **cajas** negras gigantes. Las dos cajas estaban hechas de metal pesado. No había puertas ni ventanas. Solamente había un pequeño hoyo abierto. El hoyo era lo suficientemente grande para que entre una persona. Una vez que la persona entrase, las brujas cerrarían el hoyo. Usarían sopletes que calentasen lo suficiente para **derretir** el metal pesado. Sería como si el hoyo jamás hubiese existido. Las cajas no tendrían salida.

—¡Decidle al Conde Drácula que las trampas están listas!

*

Drácula estaba impresionado. Las brujas trabajaban rápido. Habían construido las trampas en menos de una semana. Pusieron las trampas cerca de la **orilla** del Pantano de Fondo Brumoso.

—Muy buen trabajo, señoras —dijo Drácula. Miró alrededor del pantano. Estaba muy oscuro. Los demás monstruos se habían reunido para mirar la competición. Había luna llena y había luz. Era muy tarde. La competición comenzaría a la medianoche.

—¿Dónde está Gómez? —preguntó el señor Hyde—. ¿Se asustó?

Lisandro olfateó el aire.

—No, está aquí. Puedo oler su ropa **apestosa**.

Gómez, el Hombre Invisible, salió de su escondite. Estaba vestido y tenía la cara envuelta en vendajes blancos. También tenía gafas de sol. Todos podían verlo fácilmente.

—Siento llegar tarde —dijo en voz baja. Caminó hacia adelante, hacia las cajas negras—. No hay motivo para **demorarnos**. ¡Comencemos!

Gómez entró en la primera caja. Los demás miraron a Drácula. Drácula se encogió de hombros y entró en la segunda caja.

—Selladlas —dijo Lisandro. Las brujas usaron los sopletes y sellaron los hoyos. Una vez que los hoyos estuvieron sellados, el Hombre Lobo asintió con la cabeza.

—¡Ahora, Criatura del Pantano! ¡**Empuja** las cajas adentro del pantano!

—¡No sabía que eso era parte del plan! —dijo el señor Hyde.

Lisandro lo miró.

—Ahora lo es. ¡Hazlo, Criatura del Pantano!

La Criatura del Pantano tenía una fuerza increíble. Empujó las dos cajas pesadas al agua sin ningún problema. Se hundieron hasta el fondo del agua. No salían **burbujas** de aire. No había hoyos en las cajas.

—¿Y ahora qué? —preguntó el señor Hyde.

—Ahora esperamos —dijo Lisandro. Se sentaron y esperaron... y esperaron. Esperaron toda la noche, pero ni Drácula ni Gómez se escaparon de las cajas en ningún momento.

—¿Y ahora qué hacemos? —preguntó Zara.

—Creo que deberíamos celebrar —dijo una voz que salió del bosque—. ¡Tenemos un **ganador**!

Gómez saltó desde arriba de un árbol. Vestía una sábana blanca. Dijo: —¡Buuu!

Los otros monstruos saltaron y gritaron. Lisandro, el Hombre Lobo, sonrió.

—Entonces... ¿Cómo escapaste?

—No escapé. Nunca entré en la caja —explicó Gómez.

—¿Qué? ¿Y entonces quién entró?

—¡Esa idiota, la Momia! **La engañé**. La vestí como yo y le puse un altavoz en el bolsillo —dijo Gómez, sosteniendo un pequeño micrófono—. Vosotros oísteis mi voz, pero sonaba como si viniese de ella.

Lisandro se rio y le dio una **palmada** a Gómez en la espalda.

—Drácula va estar muy enojado cuando escape.

Las brujas se miraron entre sí.

—¿Qué quieres decir, cuando escape? Las cajas están selladas. **No hay forma de** escapar.

Lisandro abrió los ojos muy grandes. Se dio una palmada en la frente.

—¡Se suponía que debía haber una forma para escaparse de las trampas! ¡Qué monstruos tan estúpidos!

—Ves, te dije que son todos demasiado tontos —dijo Gómez.

—Entonces tienes razón —dijo Lisandro—. ¡Tenemos un ganador! Me equivoqué contigo, Gómez. *Sí eres* un monstruo. ¡El peor tipo de monstruo!

—El ser humano —dijo Gómez, riéndose—. Y ahora, hablemos sobre cómo dominar el mundo...

Anexo al Capítulo 3

Resumen

Gómez les cuenta sobre su desafío. Quiere que los monstruos construyan dos trampas. Él entrará en una, y Drácula entrará en la otra. Construyen dos cajas. Cuando Gómez y Drácula entran, la Criatura del Pantano empuja las cajas adentro del pantano, luego Gómez sale de un árbol en donde estaba escondido. Les explica que engañó a la Momia para que entre en la caja. Luego Lisandro se da cuenta de que, al hacer las trampas, las brujas no dejaron ninguna forma de escapar. ¡Gómez gana la competencia!

Vocabulario

- **la regla** - rule
- **la bruja** - witch
- **no desperdicies** - don't waste
- **estar a cargo** – to be in charge
- **os lo agradezco** - I appreciate it
- **la codicia** - greed
- **inquieto/a** - restless
- **la trampa** - trap
- **gruñeron** - they growled
- **el ajo** - garlic
- **la caja** - box
- **derretir** - to melt
- **la orilla** - edge, bank
- **apestoso/a** - smelly
- **demorar** - to delay
- **empuja** - push

- **la burbuja** - bubble
- **el ganador** - winner
- **la engañé** - I tricked her
- **la palmada** - pat
- **no hay forma de** - there is no way of

Preguntas de selección múltiple
Selecciona una respuesta para cada pregunta

11. ¿Por qué a los monstruos les gusta el desafío de Gómez?
    a. Porque piensan que morirá
    b. Porque piensan que Drácula morirá
    c. Porque les gustan las trampas
    d. Porque les gustan los pantanos

12. Drácula acepta participar, siempre y cuando no usen:
    a. ajos y tréboles
    b. cruces y tizas
    c. ajos y agua del pantano
    d. cruces y ajos

13. Las cajas negras están hechas de
    a. madera
    b. cemento
    c. paja
    d. metal

14. ¿Qué usa Gómez para que parezca que su voz sale de la Momia?
    a. Una grabación
    b. Un micrófono y un altavoz
    c. Un micrófono y una radio
    d. El altavoz de un teléfono

15. ¿Cómo escaparán Drácula y la Momia?
    a. No escaparán
    b. Esperarán hasta que salga el sol
    c. Nadarán hasta salir del pantano
    d. Usarán las puertas de las cajas

11. c
12. d
13. d
14. b
15. a

FIN

This title is also available as an audiobook.

For more information, please visit the Amazon store.

Thanks for Reading!

I hope you have enjoyed these stories and that your Spanish has improved as a result! A lot of hard work went into creating this book, and if you would like to support me, the best way to do so would be with an honest review of the book on the Amazon store. This helps other people find the book and lets them know what to expect.

To do this:

1. Visit: http://www.amazon.com
2. Click "Your Account" in the menu bar
3. Click "Your Orders" from the drop-down menu
4. Select this book from the list and leave an honest review!

Thank you for your support,

- Olly Richards

More from Olly

If you have enjoyed this book, you will love all the other free language learning content I publish each week on my blog and podcast: *I Will Teach You A Language*.

The *I Will Teach You A Language* blog

Study hacks and mind tools for independent language learners:

http://iwillteachyoualanguage.com

The *I Will Teach You A Language* podcast

I answer your language learning questions twice a week on the podcast:

http://iwillteachyoualanguage.com/itunes

Here's where to find me on social media. Why not get in touch?

Facebook:

http://facebook.com/iwillteachyoualanguage

Twitter:

http://twitter.com/olly_iwtyal

Printed in Great Britain
by Amazon